公务礼仪标准培训

（第3版）

吕艳芝　　徐克茹　　冯楠◎主编

扫一扫，获取礼仪规范视频

中国纺织出版社有限公司

内 容 提 要

　　本书系统地介绍了公务礼仪的基本知识和标准规范，可帮助职场人员提高个人职业素养，使其能合乎礼仪，自如得体地面对上级、同事、合作伙伴以及外国友人，在不同类型的公务场合中展现出完美出众的职业风采，顺利地取得事业的成功。全书图文并茂，并在相应位置配以相关的视频资料，便于读者更好地、更准确地掌握公务礼仪细节。

　　本书可作为各机关和企事业单位工作人员的礼仪培训教材，更可对初涉职场的人士以及没有系统学习过公务礼仪的职业人士提供帮助。

图书在版编目（CIP）数据

公务礼仪标准培训 / 吕艳芝，徐克茹，冯楠主编 . —3 版 . —北京：中国纺织出版社有限公司，2021.5 （2023 .1重印）
　ISBN 978-7-5180-8377-0

　Ⅰ . ①公… 　Ⅱ . ①吕… 　②徐… 　③冯… 　Ⅲ . ①礼仪—技术培训—教材 　Ⅳ . ①K891.26

中国版本图书馆 CIP 数据核字（2021）第 031539 号

策划编辑：于磊岚 　责任校对：寇晨晨 　责任印制：储志伟

中国纺织出版社有限公司出版发行
地址：北京市朝阳区百子湾东里A407号楼 　邮政编码：100124
销售电话：010 — 67004422 　传真：010 — 87155801
http: //www.c-textilep.com
中国纺织出版社天猫旗舰店
官方微博http: //weibo.com/2119887771
天津千鹤文化传播有限公司印刷 　各地新华书店经销
2012年1月第1版 　2016年4月第2版 　2021年5月第3版 　2023年1月第2次印刷
开本：710×1000 　1/16 　印张：17
字数：258千字 　定价：58.00元

序言

应吕艳芝老师的请求，再次为此书作序，我感到十分荣幸，也对该书面世表示热烈庆贺。

吕艳芝老师是一位有着40多年教育教学经历（其中20余年是礼仪培训经历）的礼仪培训师。值得提及的是，她原是读化学的高才生，由于组织的安排，从学化学转到研究礼仪、教授礼仪课程，这是学术科目的大跨越。而她在礼仪研究和教学上的建树甚为卓著，这是十分难能可贵的。

《公务礼仪标准培训》开篇第一章讲的是"尊重"，这十分重要。尊重自己、尊重他人、尊重规则是礼仪的核心、礼仪的基础，更是礼仪的灵魂。没有尊重，礼仪就无从谈起。尊人换来自尊，辱人换来羞辱。我们敬爱的周恩来总理不仅是政治上的伟人，也是注重礼仪的典范。他有一句格言"要得到人家的尊重，首先要尊重人家"。

20世纪60年代末，周总理深夜在人民大会堂礼节性地会见即将离任的马耳他（地中海上一个小岛国）驻华大使。当时，我国要从国外购买些小麦，但对国际市场小麦的价格和品种不甚了解。当周总理得知这位大使对此有所研究后，他说，我们可以趁此机会，向他了解一些情况，供我们决策时参考。会见时，周总理详细地向大使了解了有关情况，大使一一作了回答，周总理十分满意。礼节性会见一般只需20分钟，这次却谈了一个半小时。告辞时，周总理一直送他到车前，并对他说，你今天给我们上了一堂十分有益的课，对我们有很大帮助，非常感谢。次日，我们在机场为大使送行时，他说，周恩来是位大国的总理，还这样谦虚、平易近人地同我讨论问题，他受到世界人民的尊敬是当之无愧的。

礼仪是人类文化的一个重要组成部分，是人类文明和社会进步的重要标志。它不仅是社会生活的要求，也是一个人甚至一个民族文明程度的体现。当前，中国复兴的步伐正在加快，经济在高速发展，而精神文明、道德修养的建设更要同步进行。各级政府和部门的公务员是全社会文明礼仪建设的骨干力量，公务员学好、用好、遵循礼仪规范，比社会其他阶层的人们更为重要。公务员的形象和素质、工作效率，也就是各级政府的形象乃至国家的形象，是国家的门面和窗口。我曾在外交部工作近40年，其中在礼宾司工作20余年，几代中央领导人对国家公务员的要求之严格，我是深有感受的。

吕艳芝老师不仅有丰富的礼仪培训经验，而且结合实践对礼仪进行了一定的理论研究和探索。因此，这本书与市面上只讲理论知识，或者只讲操作技术的礼仪培训书籍不一样，它具有五个突出的特点。

第一，理论和实践紧密结合。本书共有八章，每一章都有一节专门从理念上进行论述，使读者不但能够掌握具体的操作方法，而且能够深入理解这项操作的本质，有助于读者今后根据实际情况，灵活运用。

第二，本书有很强的实用性。本书不仅内容全面，囊括了基本理论、服饰、仪容、仪态、谈吐、办公、接待、涉外八个方面内容，而且有各种操作方法和流程的详细介绍。可以说一位公务员在公务礼仪方面遇到的各种问题，在本书中都可以得到指导、找到答案。例如：如果要筹备会议，只要仔细阅读"会议礼仪"这一节，逐条实施，就可以做到心中有数。

第三，全书文字生动活泼。整个叙述都是由浅入深，用大量生动有趣的实例展开，读起来轻松愉快。通过阅读，不仅可以详细掌握公务礼仪的知识，也是对自己礼仪修养的一次精神洗礼。全书图文并茂，有150余幅图片，便于读者结合文字阅读，更好地、更准确地掌握公务礼仪。

第四，本书是单位内部培训的好教材。本书不仅适合作为公务人员的自学课本，而且作为单位内部培训也是一个很好的教材。当今各单位对公务礼仪培训的需求量很大，社会上的培训往往供不应求。如果依照本书基本内容进行单位内部培训，不仅方便，而且针对性更强。

第五，本书是礼仪培训师公务礼仪培训的好教材。本书不但介绍了成人学习的特点，还从成人培训的语言类方法、动作类方法及实物类方法三方面，以案例的形式详细介绍了公务礼仪培训的教学方法。礼仪培训师如果依照本书的培训理念及方法实施培训，不仅能使学员乐于接受学习，还能使学员比较顺利地掌握知识和技能。

总之，这是一本很实用的好书，我极力向各级公务员推荐，相信他们一定会受益的。

曾任外交部礼宾司代司长

中国驻斯洛文尼亚共和国首任大使　鲁培新

2015年12月

自序

各位读者朋友：大家好！

《公务礼仪标准培训》第3版与大家见面了，真诚感谢责任编辑于磊岚老师的帮助与指导，真诚感谢各位读者的支持与信任。

在第3版的前言中，我有许多话要向大家汇报。

第一，要向大家汇报的是：第3版换了新的插图，更重要的是书籍升级为"视频版"融媒体教材，将书中重要及不太容易理解的内容录制了视频。

在信息技术带来阅读习惯变革的今天，"视频+图片+文字"的模式更能使礼仪知识生动化、立体化，更能使学习礼仪知识的过程多一些趣味性、直观性，更符合礼仪文化注重实践，注重知行合一的规律。

第二，这本书的第3次再版是我一直的期待。因为，做了十几年化学教师与31年礼仪培训师，我最想写的就是有关"培训"方面的书。

这种期待源于2003年，我有幸被单位派往欧洲进行学习和交流。在那里，作为学员，我第一次感受到了上课是那样的快乐和幸福。我也第一次感受到了，课程时间过得是那样的快，那样的不知不觉，那样的意犹未尽。

我很想知道，老师是用什么方法让我们乐于随着他，在课堂上不但收获了知识，还收获了快乐与幸福。

带着这个问题，在下课后，我马上去请教老师。

老师是一位瑞士籍的新加坡人，文质彬彬的。

我说道："老师，我非常喜欢上您的课。"

我的话还没有讲完，老师就明白了我的困惑是什么。

他说道："面对成人的学习，培训师要想方设法让学员参与进来，要让学员在参与中'学'，而不能在听中'教'。"

老师还教导说："作为培训师，在课前做充分的准备是必要的。但是，还要在课堂上通过对学员真实需求的判断，调整培训内容或培训方法，这样的课才能叫作一堂好课。"

自此，在对老师的佩服中，在期待自己的课也能像老师那样，给学员带来快乐和幸福感的激励下，我将探讨科学的培训方法作为了社会培训的重点。

自2003年至今，17年的时光过去了，我完成了论文《培训师的"三合一"角色》，开发了《收获"趣"和"渔"的技术》的"培训师的培训"课程，还在2015年创办了全国"三阶成师礼仪师资认证"项目，目前，已完成104期课程，受训学员达到5000余人次。

但是，这样的教育培训只能面对很小的一部分学员。

而这本书定位在"公务礼仪标准培训"，这种定位给我带来了空间，我会将自己对成人培训的理解在书中与大家进行分享。

第三，在2013年的沈阳全运会期间，一位在现场工作的人员打来电话，他问道："吕老师，您在颁奖培训中讲到的颁奖人员、获奖人员、颁奖礼仪人员，在颁奖活动中的位置关系，我们因场地的原因无法操作，这怎么办呢？"

在31年的社会礼仪培训中，这样的电话有许许多多。

我想，表面上看，这是一个位置的问题。从本质上看，这却是怎样灵活运用礼仪文化的问题。

礼仪文化，礼仪的操作规范，当我们考虑了场合、对象等因素时，才会使他人产生受到尊重的感觉。

比如：在公务接待中，当面对步行梯时，礼仪规范要求我们要请来宾先行。可是，在实际操作中，大家常遇到来宾因不接受这种做法而让我们先行的情况。此时，只有主随客便才能使来宾感到我们对他的尊重。

在这本书中，我会将学员经常询问到的问题，从如何应用礼仪的角度重点讲述。

第四，在长年的社会培训中，我的导师以及学员提供了很多成功的案例。

比如：原外交部礼宾司的鲁培新代司长，是一位我非常景仰，也是给了我很多指导与帮助的德高望重的前辈。

1992年12月，叶利钦首次应邀来我国进行国事访问，专机抵达北京后，按照国际惯例，鲁司长登上飞机表示欢迎，他热情地说道："现在，北京虽然正是寒冬季节，可是天气却非常晴朗，您看，天气也在欢迎您呀。"鲁司长又进一步补充说，"是您将莫斯科的好天气带到了北京。"叶利钦听后非常高兴地说："你是我踏上中国土地后见到的第一个中国官员，你用这样流利的俄语，这么热情的语言欢迎我，让我的心情非常好，我想，这次访问一定会很愉快。"

访问中，江泽民主席在钓鱼台国宾馆设宴款待叶利钦。江主席问鲁司长道："你知道叶利钦的小名吗?"鲁司长马上答道："鲍里斯。"

很快，叶利钦乘坐汽车来到钓鱼台。在两国首脑见面时，江主席用俄语热情地说道："鲍里斯，我的兄弟。"

叶利钦听到江主席称呼他的小名，而且还称呼他为"兄弟"后，非常惊喜地说道："我访问了这么多国家，还没有一个国家的领导人知道我的小名，您是第一个知道我小名的人，又称呼我为兄弟，我太高兴了。"

我很清楚，鲁司长是想通过这个案例，教导我怎样真诚地、发自内心地与他人交往。

又比如：一位学员在一次课程分享中讲道："在一次谈判中，单位参与谈判的人员，男士穿的都是西装，还打着领带。女士穿的都是西服套裙。我们的对手却穿得比较随意。可是，午休后，对方也都穿得很正式了。"

这些案例不但很生动，还能帮助我们比较深刻地理解礼仪文化。

我会在书中适当地引入这些案例。

第五，在这本书中，我还试图从做一个"优雅"的人这一角度，阐述在实践礼仪的过程中，我们如何树立有风度、有品位、有自信的良好公务形象。

第六，国家始终强调公务员要提高办事效率，简化办事流程。所以，这本书在办公礼仪以及接待流程章节中，依据礼仪是实操性学科及行为规范的特点，不但对接待细节规范进行了"量化"描述，也在接待流程中做了比较合理的调整。

在完成这本书的过程中，得到了有关专家、同行、好友热情的帮助和支持。

德高望重的原外交部礼宾司代司长，中国驻斯洛文尼亚共和国首任大使鲁培新，在百忙之中为这本书再一次写了序，并对书的定位与写作进行了面对面的指导。谢谢鲁培新司长！

北京教育科学研究院的冉乃彦研究员对这本书提出了许多好的建议，谢谢冉乃彦老师！

徐克茹老师、冯楠老师，对第3次再版承担了重要的组织工作及辅导、把关工作。

蔡晓宇老师、赵维娜老师、田昕霭老师承担了视频及插图拍录的大量工作。

感谢完成配音的主持人张楠女士、录音师田波先生，感谢摄像师王旭峰先生，感谢参与视频录制的郭媛春女士、陈凯琳女士及许帅、薛峰、夏炜怡同学。

感谢摄影师赵伟宁先生及参与插图拍摄的安新磊先生、刘娜女士。

真诚地感谢各位！

最后，我还要真诚地感谢于磊岚老师，作为中国纺织出版社有限公司的策划编辑，于老师对本书从具有个性化的视角进行定位，选择先进的融媒体教材呈现方式并在这本书再版的过程中给予了多方面的指导，谢谢于磊岚老师！

吕艳芝

2020年10月

目录

第八章　涉外礼仪 / 221

第一章
公务礼仪概说

在公务礼仪概说中，我们将共同分享以"尊重"为本的公务礼仪、公务礼仪的原则、公务礼仪的特征及公务礼仪的功能这四个方面的内容。

第一节 以"尊重"为本的公务礼仪

我们都清楚，礼仪的核心是尊重。

2018年，在三阶成师全国礼仪师资的课堂上，我曾以"什么是尊重"为题，请学员以组为单位画一幅画。大家对这样的安排感觉很意外。因为，我们的课堂多是以言语的方式回答问题。我启发道："提到尊重时，相信大家的头脑中会出现这样或那样的画面，现在请大家将这些画面呈现在A4纸上。"听了我的解释，大家纷纷动手开始作画。我走到学员中间，观看大家的动态及进度。其间，一位学员的画引起了我的注意。她的画面很简洁，内容是：一条宽阔的马路，路边有花草和河流，天空是湛蓝的，还飘着白云，路上有停下来的汽车、自行车和人。我询问道："这幅画和尊重的关系是什么呢？"她笑着说："老师，路上还有排着队过马路的蚂蚁呢。"在之后的课堂分享中，我请这名学员向大家进行分享。她讲了下边这段温暖人心的话语："我认为，除了人与人的尊重，还应该有其他内容。这幅画，马路上的人、汽车、自行车是静止的，原因是蚂蚁在穿行，我们不要伤害它们。"之所以路边有花草和清澈的河水，是因为我们通过少开车、不丢垃圾而使河水清澈。这时，我明白了她对尊重的理解。我总结道："这是礼仪又是超越了礼仪的对尊重的理解：尊重不单指人与人之间，还应是尊重世间的一切生态。这是广义的对尊重的理解"。

公务礼仪，也叫作国家公务员礼仪。它指的是公务人员在工作的过程中所要遵守的礼仪。我们常说，中国的礼仪文化"成于孔子"。孔子对礼仪的核心内容进行过这样的概括："礼者，敬人也。"

在敬人方面，周恩来总理是我们的榜样。

在美国女作家安娜·路易斯·斯特朗的80寿辰酒会上，周恩来总理的祝酒词充分体现了对女作家的敬重。

周恩来总理讲道："女士们，先生们，今天，我们相聚在一起，我们来做什么呢？我们来共同庆祝著名女作家，安娜·路易斯·斯特朗的40公岁寿辰!"

听到周恩来总理的祝酒词,女作家迈着轻快的脚步,激动地走到周恩来总理的面前,她眼含泪水,声音颤抖地说:"总理,您的祝酒词让我感到自己变得年轻了,让我感到自己的思维敏捷了,我还能写文章、写书。谢谢,谢谢!"安娜·路易斯·斯特朗握着周恩来总理的手,久久不愿放开(图1-1)。

◎图1-1

周恩来总理深知女士"忌老"的心理,他用非常巧妙的语言回避了安娜·路易斯·斯特朗的真实年龄。这种做法,给女作家带来了快乐的情绪体验。

尊重,要从尊重他人的价值、人格、需求、权益四个方面做起。

一、尊重他人的价值

谢胜瑜2007年在《读者》杂志上发表了《再平凡也可活成一座丰碑》的文章。

他在文中写道:

这是一个称得上可怜的老头儿。他一生无儿无女,生活十分清贫,家里没有一件像样的东西。

1985年11月的一天,老人在翠湖边上遇到了一群从未见过的"客人"——一群从遥远的西伯利亚漂洋过海而来的鸟儿,它们是北半球才能经常见到的红嘴鸥。老人没有片刻的迟疑,马上从商店里买来了一些饼干,撒向鸟群……鸟儿在老人的手起手落中扑腾啄食。这一天,老人从鸟儿欢快的啄食中感受到了人生从未有过的开心和快乐!

这一年,6000多只红嘴鸥在昆明一待就是几个月,直到来年的3月才依依不舍地离去。这三个月,老人将每个月300多块钱的退休工资用得精光。

第二年,第三年……红嘴鸥如期而至,而且,如老人预料的那样越聚越多。老人每天佝偻着背走两三个钟头的路来到翠湖湖畔喂养它们,照看它们，不让任何人伤害它们。

后来，一位摄影家发现老人有好几天没有来喂红嘴鸥了！他驱车来到老人的住处看望老人，却愕然地发现老人已经在前一天去世。

而令九泉下的老人想不到的是：2006年冬天，当迁徙的鸟儿再次回到昆明市翠湖公园时，在他离开人世10年后，他又可以回到鸟儿们中间：他坐在水边，面带微笑，一只手捧满鸟食伸向空中。在他的手上、身上，停满了他最爱的"小精灵"红嘴鸥……这是一尊青铜雕像，是昆明市民在老人去世10周年时自发提议和捐资铸就的。

在这动人的故事中我们看到，一个人，哪怕他再平凡再普通，也可以成为别人眼中的丰碑！这丰碑证明了老人的一生是有价值的一生。

人的价值是多方面的，其中最根本的有两个方面：一方面是人的社会价值，另一方面是人的自我价值。社会价值是指我们通过自身和自我实践活动满足社会或他人物质的、精神的需要所做出的贡献和承担的责任。自我价值是指我们从社会获得一定的尊重和满足，即满足了物质和精神的需要，实现了个人的自我价值。

我们在工作中之所以很勤奋，很刻苦，实际上是希望自己对社会是有用的。同时，我们还期待得到社会的肯定与回报。

所以，尊重，首先要从尊重他人的价值做起。

二、尊重他人的人格

在日常交往中，人与人之间不论有何种差异，都要尊重对方的人格。在国际交往中，国与国之间不论有何种差异，都要尊重对方的国格。

1963年12月至1964年2月，周恩来总理在陈毅副总理的陪同下访问了非洲十国，其中有访问埃塞俄比亚首都亚的斯亚贝巴的行程。但是，埃方后来却提出，要改访北方城市阿斯马拉。对此，中方很多陪同人员感到不满，认为这是有意怠慢中国领导人。周总理却不这样想，他豁达地说："对方此举显然是受到某一大国的压力，对于别的国家，特别是小国，我们应当谅解其难处。"

周总理还曾在外交部的一份请示文件中，看到"小国语言"这种说法，他立即用笔将这四个字划掉，改为"非通用语言"。他严肃地对身边的工作人员说："'小国语言'这种说法，有一种大国沙文主义的味道，改用'非通用语言'才好，请通知各有关部门：无论在书面上，还是在口语中，都一律不许用那些大国沙文主义的说法！"

周总理这种国不论大小，都要尊重对方的国格的做事原则，是值得我们认真学习的。

在一次会见外宾之前，工作人员请示周恩来总理道："总理，现在可以去叫外宾了吗？"总理听后马上把脸沉了下来，严肃地说道："什么'叫'？！应该说'请'！请你现在就去把外宾请进来！"

1964年9月底，苏联作曲家图里科夫来中国访问，周恩来总理在北京饭店会见了他。作曲家激动地说道："我出访过十几个国家，从来没有被外国领导人接见过，这样的荣誉真让我有些受宠若惊。"

周总理的不论职位高低，都要尊重他人人格的做事原则，是值得我们学习的。

2020年，在新冠疫情爆发时，中国政府不惜一切代价，为所有患者免费进行治疗。这与某些国家的分年龄段进行治疗、等待集体免疫是截然不同的。中国的做法是对全国每一位百姓人格的尊重。医护人员是践行这一理念的先驱。武汉协和医院是危重症新冠肺炎患者定点收治医院。作为血管外科医生，王维慈从除夕夜便开始投入到工作中。她说道："我们从除夕夜开始救治重症患者，随后便开始连轴转，大家已经有一个月没有回家了。"她的先生在信中写道："当你因为工作疲惫而委屈的时候，我心痛。但我会克制着自己的私心，告诉你要坚持下去。"一天，恰是孩子的生日，王维慈也只是向城市的另一头看了一眼。孩子非常理解她缺席自己生日庆祝的原因，并写道："妈妈最棒，我会乖乖地等妈妈回来。"尊重任何一位病患的人格，在所有医护人员心中，没有地位、年龄、穷富的概念，我们要向他们学习、致敬！

在公务交往中，尊重他人的人格表现在很多细节之中。比如：当遇到需要帮助的人时，我们不但要主动伸出援助之手，还要首先征询对方的意愿，待对方乐于接受帮助时再行动。

在北京奥运会进行之前的公务礼仪培训中，我们也将"当发现国外友人需要帮助时，要在对方同意后再采取行动"，作为一个尊重对方能力的话题。

三、尊重他人的需求

美国心理学家马斯洛对人的需求层次有这样的阐述：人的最低层次的需求是生理需求。当生理需求得到满足之后，便有了对安全的需求。安全需求是相对于生理需求高一层次的需求。之后又逐渐产生对爱与归属、对尊重、对实现自我价值的需求。

马斯洛的需求层次理论让我们看到，在通常情况下，当低级需求得到了满足，高级需求才能得到满足。而高级需求的满足，才能令人产生满意的主观效果。人的需求来自于两个方面，一个是物质需求，一个是精神需求。

在改革开放初期的国家机关公务礼仪培训时，我们经常以"满足他人的需求"作为树立良好公务形象的定位和标准。而今，我们在坚持这一定位和标准的同时，又提出了"超越他人的需求"的工作理念。从精神层面来讲，当超越了他人的需求时，我们会给对方带来惊喜的情绪体验。

2008年奥运会期间，罗格将鸟巢VIP包厢的接待工作比喻为"一道风景线"。这是因为，鸟巢VIP包厢的人员在接待的过程中，都会有意识地记住来宾的个人习惯，并将其用于下一次的接待之中。

比如：他们会记住来宾喜欢坐在什么位置，喜欢喝什么饮料，喜欢吃什么水果等。

接待人员这样做的目的是，当对方再次到来时，以对方喜欢的方式完成接待。

那么，在满足他人需求方面，我们应该怎样做，怎样才能做到最好呢？首先，在与他人交往的过程中，要有发现他人需求的意识。其次，要尽自己所能，真诚地帮助对方。最后，要争取在满足他人需求的基础上，超越他人的需求。

四、尊重他人的权益

所谓权益，是指人应该享受的不容侵犯的利益。比如：隐私、宗教信仰、人格尊严等等。

作为公务人员，在与他人交往的过程中，对于他人的隐私要做到不问、不传。这里谈到的不传指的是，因工作原因所掌握的他人隐私，要有保护的意识。

信奉宗教是人的自由，我们不但要做到不评论，还要做到顺应他人的选择。比如：

伊斯兰教有下列禁忌：

一是反对偶像崇拜。伊斯兰教教徒认为只能崇拜真主安拉。

二是禁食猪肉。

三是禁食未经阿訇宰杀的动物。

四是不能赌博和饮酒。

五是每日礼拜前，穆斯林要用左手净身，所以，他们认为左手不洁。

根据伊斯兰教教徒的忌讳，我们在赠送对方礼物时，要选择没有人像图案的。在宴请时，要谨慎选择食物。在递送物品时，要忌讳使用左手。又比如：

我们在拜访他人时，登门后会主动脱下外套，这种行为的指导思想是"洁净"、尊重主人。

而在西方，登门时主动脱了外套，则意味着要长时间地留在屋内。主人会认为这是在侵犯自己的权益。所以，出于对主人的尊重，正确的做法是待听到对方建议脱掉外套时才能行动。

总之，在公务交往中要谦虚友好、以礼待人、与人为善，要尊重他人的存在、能力和个人选择，要理解并关爱他人，富于同情心。

思考题

（1）请谈一谈对"以尊重为本的公务礼仪"的理解。

（2）请回忆自己在公务交往的过程中，曾因超越了交往对象的需求，给对方带来了惊喜的情绪体验的案例。

（3）请阅读下列内容，并谈一谈自己的体会。

尊重的多重性有以下四个方面：

①尊重的互动性。尊重的互动性指的是尊重一定是互相的，要获得他人的尊重，首先必须学会尊重他人。

作为国家公务人员，更要身体力行，从自身做起。

②尊重的包容性。"推己及人"的包容性，体现为对异己性、多样性的宽容，对他人独特性、差异性的认可。

③尊重的相对性。尊重，不是无原则的包容，也不等于一味地顺从和迁就。

公务人员是国家利益和人民利益的推动者和实践者，无论是履行职能，还是社会交往，无论是制定政策，还是执行政策，都具有明显的政治色彩，政治性就成为公务礼仪的显著特征。

所以，在公务交往的过程中，既要讲究礼仪，又要坚持应有的原则。

④尊重的普遍性。尊重与荣誉不同，荣誉可以因为社会贡献的不同，而呈现高低之分、大小之别，尊重不应该因财富、地位、职业的差别而不同。

第二节　公务礼仪的原则

在实践公务礼仪时，我们要把握下列具有普遍性和指导性的原则。

一、认同的原则

世界上找不到完全相同的两片树叶，这是人人皆知的道理。植物是这样，人更是如此。即使是由单卵分裂来的双胞胎，也有方方面面的不同。而人际交往只有在达成共识、产生共鸣的情况下才可能有质量。

遵守认同的原则，首先要做到，在与人交往中要积极发现双方的共同点，并将这种共同点作为交往的基础。

可能我们喜欢足球，对方也喜欢。

可能我们喜欢文艺，对方也喜欢。

可能我们喜欢红色，对方也喜欢。

……

在任何人身上，只要认真观察，总会找到相同点。寻找双方的相同点，是在公务交往的过程中，提高办事质量的好思路、好方法。

另外，不要用自己的价值观评价他人，评价社会，要懂得理解和适应他人。

一位30多岁的成功男士讲过这样一段话："20多岁时，考虑较多的是让领导、同事、环境适应自己。当遇到不顺心时，很少考虑是自己出问题了，而是用换个单位的消极方式处理了事。30岁左右时，意识到了要适应领导、同事和环境，所以，我取得了成功。"这位男士所讲的"适应"，其实就是要更多地为他人着想。

把握认同的原则，懂得维护他人利益的重要性，并积极投入到公务实践中，以让我们的工作更加顺利和具有质量。

二、适度的原则

在公务交往中要热情，但如果把握不好分寸，过于热情就很难让人接受。同样，如果过于矜持又会让人敬而远之。人的一生不论做什么事，不论做大事，还是做小事都要适度。

在为人处世的过程中，恰如其分地把握好自己的一言一行，既给他人留有余地，也给自己留有余地，这样才能使人际关系比较和谐。比如：

与他人进行交谈时，适时地赞扬对方能创造良好的交谈氛围，使对方产生乐于交谈的愿望。可是，如果把握不好分寸，就会弄巧成拙。如果夸一位40岁左右的女士很有风韵，肯定会带来积极的效果。但如果对方年事已高，就应该在夸奖时慎重考虑，不然就会形成一种讽刺。

公务场合女士应该画淡妆。如果浓妆艳抹，就会与庄重、严肃的场合格格不入。相反，在参加晚宴时，浓妆艳抹则与场合很协调。

虽然我们与上级领导很有交情，可是，在公务场合也不要忘记维护领导的形象。要恭恭敬敬，要上下有别。

在公务场合，见面时经常使用握手礼。当面对的是上级时，自己不要贸然伸手，要待领导伸手后，再积极地去附和，不然就是失礼。

掌握适度的原则，是寻找公务交往中最佳切合点的过程。要合乎交往规范，要讲究交往技巧，过分与不到位都不能表达礼仪之意。

三、真诚的原则

做真诚的人，就是在人际交往中，始终表里如一，待人以诚。要说到做到，不能说得天花乱坠，做得一塌糊涂。要对他人和自己负责任。

"首问责任制"是国家机关一直坚持的办事理念。

在这一理念的指导下，公务人员在办公的过程中，如果遇到了不清楚答案的来访者咨询，他们往往会选择两种很好的解决办法：

（1）首先礼貌地向来访者道歉，之后，告诉对方到什么部门咨询就可以解决问题。而不是以一个简单的"不清楚""不知道"了事。

（2）首先礼貌地向来访者道歉，之后，回答来访者："请稍等，我询问后很快回答您。"

这种真诚服务于他人的行为，使国家公务人员树立了良好的形象。

四、宽厚的原则

在拥挤的公共汽车上，由于司机紧急刹车，一位女士细细的高跟鞋重重地踩在一位小伙子的脚上。

女士带着满脸的愧疚，一个劲地说："对不起！对不起！给您踩疼了吧？"

看到这位女士这样紧张，小伙子忍住疼痛，幽默地说："没关系，只要您不再踩我的左脚就行了。"

小伙子的回答，让女士轻松了许多，也引来了满车的笑声。

我们要有小伙子的这种宽厚大度的胸怀，还应该有这位女士承认过错、真诚地向对方请求原谅的态度。

在"负荆请罪"的故事中（图1-2），蔺相如"两虎相争，两败俱伤"的历史古训说明了一个道理：在无原则的是非面前，如果矛盾的双方互不相让，其结果只能是伤害双方，这是对己对人都不利的事情。

五、体谅的原则

圣诞节到了，在外忙碌了一年的
丈夫终于在圣诞夜赶回家中。他为了
给妻子、儿女一个惊喜，便将自己化
装成圣诞老人，手提丰厚的礼物，叩
开了自己的家门。他说道："圣诞老
人给你们送礼物来了，祝愿你们全家
幸福!"

◎图1-2

他的到来，让家人喜出望外。他的妻子嘴张得大大的，却说不出一句
话来。他的儿女们手捧礼物高兴地在房间里蹦来跳去、欢呼雀跃。

妻子、儿女们的举动让丈夫十分为难，他想："如果告诉家人真相，妻
子、儿女们接受得了吗? 他们会不会觉得很失落?"终于，丈夫打消了说出真
相的想法。因为，他担心真相道破后，妻子、儿女们会失去这份难得的欢乐。

在家人的欢乐声中，丈夫悄悄地离开了家。过了一会儿，才又换上自
己的衣服回家。

这位丈夫对家人的爱，对妻子、儿女们的细心照料，是礼仪所倡导的
一种精神。在公务交往中，人人都要把握为他人着想，体谅他人，善解人
意的原则。

当一位同事心情不好时，给他送去温馨的问候，这是体谅。

当拒绝他人的要求时，采取委婉的语言，这是体谅。

如果人人都有体谅他人的意识，并都能落实到行动中，世界将处处充
满温暖，世界将成为一个大家庭。

六、平等的原则

人与人之间有很多的不同，不同的家庭出身、不同的受教育程度、不
同的价值观念、不同的经济状况等等。我们不论与什么样的人共事，都要
做到一视同仁，给予对方同等的礼遇。

宋朝的苏轼在熙宁四年任杭州通判。为官三年中，他很乐于微服以游。

有一天，他来到一个寺院游玩。开始时，方丈把他看成一般的客人来招待，急慢地对苏轼说："坐。"转头对小沙弥说："茶。"小和尚端来一碗很普通的茶。

喝茶过程中，方丈感到来人谈吐不凡，像一位很有来头的人，便和蔼地改口说："请坐。"又对小沙弥说："泡茶。"

最后，方丈明白了此人原来是大名鼎鼎的苏轼。就急忙起身，恭恭敬敬地说道："请上座。"然后高声换来小沙弥："泡好茶。"

方丈跑前跑后地服侍苏轼，茶喝毕临别时，方丈捧上文房四宝请求苏轼留字。苏轼思忖片刻，提笔写了"坐请坐请上坐，茶泡茶泡好茶"这样一副对联。

方丈看后，羞愧万分，无地自容（图1-3）。

◎图1-3

客来敬茶是为了表达敬重、和平与友好，方丈不懂得这深层的含义，造成了他的尴尬，在这一点上礼仪与茶礼是相通的。

当然，尊重不但是礼仪文化的核心内容，更是礼仪的重要原则。

思考题

（1）宽厚是礼仪的原则，请写出一个在工作中体现宽厚原则的成功案例。

（2）请阅读下列案例：

"我从伊朗来，是专门来中国观看奥运比赛的。"来自伊朗的客人高兴地向身旁的观众自我介绍道。

"您从伊朗来呀，你们国家的足球踢得很棒！"旁边的观众边伸出拇指边夸赞道。可是，他看到的却是将眼睛瞪得大大的、气愤的伊朗客人。

请回答这是为什么？

第三节 公务礼仪的特征

国家公务员的特殊地位、重要作用以及对社会的影响力，决定了公务礼仪与商务礼仪、服务礼仪、涉外礼仪、社交礼仪的不同特征。

一、政治性

礼仪本身不是政治，却渗透于政治并影响着政治。礼仪本身不是大局，但如果不讲究礼仪，就可能影响大局。

某大国的总统在一个小国访问时，穿着格子图案的西服出席重要活动，这一行为使对方非常气愤，对方认为这是"藐视自己国家"的表现，从而造成了很恶劣的、无法挽回的影响。

作为公务员，无论是履行职能，还是与人交往，都具有明显的政治色彩。政治性就成为公务礼仪的显著特征。因此，公务礼仪要讲政治，公务人员要认识到礼仪的政治性。

二、服务性

公务员的工作实质是为广大民众服务。从这一意义上讲，公务礼仪具有鲜明的服务性。

那么，怎样才能做好服务呢？

一位刑满释放人员出狱后，正赶上原住所拆迁，他找到社区居委会寻求帮助。

居委会针对他的实际情况，思想上帮助他，生活上关心他，不但为他无偿地提供住处，还解决了其日常生活开支。

在居委会的帮助下，这名男子逐渐发生了转变，过上了能为社会出力、自食其力的正常生活。

做好服务，首先要树立人民公仆意识，其次要从尊重他人的需求出发，选择适宜的方法为他人真诚地解决问题。

三、变异性

"拾级聚足，拥彗迎门"是古人在会客时的一种礼节。它讲的是，到主人家做客时，为了表示对主人的尊敬，在上台阶时，要上一个台阶并一次步，不能一步一个台阶地走，这就是"拾级聚足"。"拥彗迎门"是讲作为迎客的一方，要选择家中最有身份的人，怀中抱着笤帚，规规矩矩地站在家门口迎接客人，这是尊重客人的表示（图1-4）。

◎图1-4

显然，这种礼仪行为已不适宜当今的社会节奏。所以，礼仪只有随着社会的变化而变化才能适应社会的需求。

现在的访友待客已经变成了一句温馨的问候、一个简单的握手、一杯热乎乎的香茶。

礼仪将随着社会的发展不断变化、不断更新，这样才能适合人际交往的需要，适合社会发展的需要。所以，不能将礼仪看作一成不变的、僵化的内容。

四、传承性

公务接待中，在进行位次安排时，面对内宾要遵循"以左为尊"的位次习俗，面对外宾要遵循"以右为尊"的位次习俗。

中国人"以左为尊"的习俗，起源于中国古代文化中"左吉右凶"的认识及习惯。

对西方人"以右为尊"习俗的解释有多种说法。其中一种说法是，古代君王在自己右侧的腰间都会佩剑，君王会安排非常可靠的人在自己的右手边，如果右手边的人不可靠，将有可能拔出剑伤害自己的性命。

这些习俗一直沿用至今。

人类文明总结出了灿烂的礼仪文化。作为礼仪文化的传承者，我们要将礼仪文化发扬光大。

五、可操作性

礼仪要求我们：在待人接物时，敬茶要双手敬上，在双手不方便时要使用右手，而不能使用左手。

在穿西装时，要懂得穿西装的规则。比如：西装每一个兜的功能是什么？扣子的系法是什么？

在与人交谈时，要讲究谈话的方法。比如：怎样拒绝他人才能既不伤害对方，又能保护自己的利益？

……

切实有效，实用可行，规则简明，易学易会，便于操作是礼仪的特征。

我们要将学到的礼仪知识和技能应用到生活和工作中去。要防止摆花架子，要杜绝故弄玄虚、夸夸其谈。

六、局限性

改革开放后的一个春天，在我国的南方开了一次成功的商品洽谈会。洽谈会闭幕后，为答谢外国友人的积极参与，在机场送行时，我方举行了简单热烈的献花仪式。当礼仪小姐面带微笑，将金灿灿的菊花捧到外国友人面前时，却被外国友人婉言拒绝了。

外国友人拒绝的原因很简单，虽然菊花在我国人民的心目中是美好的象征，但在西方国家，菊花却代表着另一层含义——悼念。

再有，我国献花的习惯是一定要选择双数，这是"成双成对"的美意。但是，西方人认为"单数吉利"。

而且，在我国，人们喜欢黄颜色，认为黄色是富贵的象征。但是，在西方却经常将黄色与"下贱""淫秽"联系在一起。

由此可以看到，礼仪文化具有鲜明的局限性。

我们在实践礼仪时，要注意场合，要考虑对象，要熟悉不同国家、不同民族的特点和习惯。如果生搬硬套，就会弄巧成拙，还有可能造成误会。

思考题

（1）请通过查找资料等，完成一个因讲究礼仪，而带来良好政治影响的工作案例。

（2）请完成一个因为讲究礼仪，而得到他人好评的服务案例。

第四节　公务礼仪的作用

回顾中国历史，我们会发现，一个朝代兴盛之日，肯定也是礼仪文化发扬光大之时。任何个人在得到成功之时，肯定也是礼仪水平达到较高水平之日。礼仪既有助于个人，也有助于社会，这也是国家十分重视礼仪文化的原因所在。

一、学习礼仪文化，可以提高个人修养

所谓修养，是指在长期的生活、工作中养成的待人处事的正确态度。

在公务交往中，礼仪往往是衡量一个人文明程度的尺子。它反映着一个人的交往能力，还反映着一个人的气质风度、精神面貌、阅历见识以及道德情操等。从这个意义上讲，礼仪就是修养。

我们崇敬的作家老舍，曾在1937年的冬天住在冯玉祥将军的家里。当时天气很冷，每当他在楼下写作时，住在楼上的冯将军的二女儿经常跺脚，以让自己暖和一些，但这种做法影响了老舍的写作思路。

一次，在吃饭时，老舍笑着对二小姐说："你的舞肯定跳得很好，是刚从德国学来的新滑稽舞吧？"

听到老舍这幽默的语言，大家笑了起来，二小姐更是笑得前仰后合。

事情过去之后，二小姐突然想到，老舍先生每天要写作，自己这样蹦

蹦跳跳的肯定会影响到他。

她悟出了老舍这番话的意思。 从此， 她不但不在楼上跺脚， 连在楼上走路也轻声慢步的（图1-5）。

老舍不但具有文学修养， 更具有为人处世的良好态度与技巧。 如果老舍换一种处理方法，当着大家的面说："二小姐， 你在楼上蹦蹦跳跳的， 经常打断我的思路，今后不要再这样了。" 这种批评当然能制止二小姐的行为， 但是， 却会让冯将军很恼怒， 也会使二小姐下不来台。 老舍用这种诙谐的婉言， 劝告、 批

◎图1-5

评二小姐，使她本人很自然地接受了意见，并真心地去纠正。

我们要向老舍学习，并通过学习礼仪，实践礼仪，提高个人修养。

二、学习礼仪文化，有助于自身美化

任何人都喜欢美好的事物，对美的追求，是人的天性。

古时候，姑娘们就学会了将泥巴涂在自己的头发上，用两根木棍将头发卷起来，再到太阳下将头发晒干，之后把泥巴、木棍去掉。这样，就形成了卷曲的长发。这也许就是最早的烫发吧。人们认为这样做会让自己变得更美。

在现代社会中， 美的定义受到各个方面的制约。 由于文化色彩的不同、 地域的不同， 面对的场合不同、 对象不同等等， 使美有了不同的定义。在有的场合是美的东西，在另一个场合就不见得是美。对美的定义如果不能正确把握， 就会将多数人认为不美的东西当作美的东西， 就会美丑不分，就会是非混淆。

在公务交往中，我们不但是履行职能的工作人员，还应是优雅地履行职能的工作人员。

公务员的形象，是服饰、仪态、仪容、谈吐和修养的集合。

得体的服饰体现着公务员的美；

规范的仪态体现着公务员的美；

适宜的仪容修饰体现着公务员的美；

美好的语言体现着公务员的美；

......

礼仪在上述内容上都有详尽的规范，因此，学习礼仪，实践礼仪，将有益于我们更好地美化个人的形象，更好地展示个人的良好修养与优雅的风度。

当我们都以礼相待时，人际关系将会更加和谐，工作质量将会进一步提高。

三、学习礼仪文化，有助于提高人际交往能力

美国教育专家卡耐基在他的《成功之路全书》中讲道：在一个人的成功因素中，有85%取决于人际关系的好坏。由此可以看出，人际关系是何等重要。

学习礼仪，将有助于提高人际交往能力。礼仪对在人际交往中怎样向对方表达自己的尊重、敬佩、友好与善意，增进相互之间的了解与信任，造就和谐、完美的人际关系，有深入浅出的描述。通过礼仪的学习，可以使个人在人际交往中胸有成竹，遇事不慌，为走向成功奠定坚实的基础。

在人与人之间进行语言交流时，礼仪有许多成功做法的描述。比如：当需要拒绝交往对象的建议或要求时，一定要选择比较委婉的语言。

宋朝有位举人叫阮明，很有学识，又相貌堂堂。

一位长者很赏识他，便想将自己的爱女许配给阮明。

他找到阮明，说明来意。但阮明已有妻室，且夫妻感情很好，他不想纳妾。

阮明本想直接说明原因，拒绝长者的美意。但是，他想到，长者这样关心、看中自己，如果直接拒绝，一定会伤对方的心。

思考片刻后，阮明愉快、认真地对长者说："十分感谢前辈，不过婚姻是大事，还希望前辈容我回家与夫人商量后再做决定。"

做父母的谁也不愿意让自己的女儿给人家做小妾，阮明深知这一点。

长者没等阮明将话说完，抢着说道："我明白了，我明白了。"

阮明用巧妙的语言，打消了长者的念头。

在上面的案例中，阮明很好地把握了与长者交往的技巧，恰当地处理了较为棘手的问题。

人际交往的能力只有通过学习、通过实践才能提高，礼仪会给人们很多启示，很多方法。所以，学习礼仪文化，将有助于提高人际交往能力。

四、学习礼仪文化，有助于提高服务的质量

礼仪不但教会我们如何得体地微笑，还教会我们在公务场合怎样使用它。

礼仪不但教会我们体态的规范，还教会我们在面对不同的场合、对象时，我们怎样选择适宜的体态。

礼仪还教会我们耐心解答他人问题的操作方法。

……

当我们面带笑容地与他人交流时，会给对方留下热情、温馨的感觉。

当我们的体态符合规范时，会给对方带来受到关注和尊敬的感觉。

当我们不厌其烦地为他人解答问题时，会给对方带来耐心、周到的感觉。

……

如果我们坚持通过以上行为，给他人带来持续的、美好的感觉，就会树立起良好的公务形象，也会解决一些部门存在的"门难进、脸难看、话难听、事难办"的问题，从而真正地成为人民的公仆。

思考题

- -

（1）请写出实践公务礼仪的过程中自己取得的成绩。

（2）请对卡耐基"在一个人的成功因素中，有85%取决于人际关系的好坏"这句话谈一谈自己的想法。

CHAPTER 2

第二章
服饰礼仪

公务人员要讲究形象，服饰是公务形象中一个很重要的内容。在这一章中，我们将共同分享"第一印象"与人的服饰的关系、服饰的"TPOR"原则、公务场合的服装选择等方面的话题。

第一节 "第一印象"心理学实验的启示

在这一节的内容开始之前，我们首先分享一组图片（图2-1）。

◎图2-1

您肯定能很快将图片中三个人物的身份区分开来。在以往的公务礼仪培训中，多数学员认为左侧第一位是科研人员或是公务员。中间一位是农民兄弟，有些学员还认为他就是阿宝；还有学员建议"让这位男子手拿一只放羊的鞭子就更好了"，他们认为这是陕北的农民兄弟。最后一位，学员的答案有两种，一种答案是乞丐，另一种答案是干体力活的人。

当请学员再仔细观察三张图片，能否发现其他信息时，多数学员由"三张图片上的人长得有些像"，逐渐地给出了肯定的答案"三张图片画的是一个人"。

是的，三张图片画的确实是一个人。

其实，更有意义的事情是：这三张图片描述的是心理学界曾进行的一个实验。

这个心理学实验的过程如下：

首先，请来一位男子，将他装扮成科研人员的模样，安排他到某个大学的一个班级中进行科研论文的宣讲。

其次，将这位男子装扮成农民的模样，安排他到这所大学的另一个班级中，还是进行同一篇科研论文的宣讲。

最后，不用说您就已经知道了，是将他装扮成乞丐的模样，到这所大学的另一个班级，还是进行科研论文的宣讲。

那么，在分别宣读论文的过程中，在这三个班级中会发生什么事情？结果会是什么呢？

我想，您肯定知道答案了。

论文的宣读在第一个班进行得很成功，学生认为"这是既有逻辑性，又很有深度的论文"。在第二个班宣读论文时，学生的反应是：无精打采，没有兴趣。他们认为这篇文章不会给自己带来有价值的东西。而在第三个班，学生的反应是：非常气愤，他们认为这名男子纯粹是在"胡说八道"。

叙述至此，这一心理学实验需要验证的理论是什么，我们已经非常清楚了，它就是"第一印象"是如何形成的，以及"第一印象"的作用是什么。

让我们重新回到上面的三张图片上，并思考下列问题：

我们确定对方身份的根据是什么？

"第一印象"会在多长时间内形成？

"第一印象"会对公务交往带来什么影响？

第一印象往往与第一眼画等号。第一印象一般在初次交往中最初的30秒内完成。对一些人，形成第一印象只需要3秒钟时间。

"初次亮相"使交往对象对自己的良好形象先入为主、萌生好感，将对深入交往起到积极作用。

很多人由于抓住了人的这种心理特点，为工作带来了事半功倍的效果。

一位礼仪培训师到一所大学，为学生讲授面试礼仪。

主持人简单介绍后，在一片掌声中，这位老师迈着自信的脚步，面带微笑来到了讲台前。她的笑容给学生一种和蔼可亲的感觉，她自信的脚步给学生一种很有能力的感觉。

只见她穿了一套合体的蓝色西服套裙，服装平平整整。她留一头扣边短发，头发梳理得整整齐齐。精致的金质丝链在她的颈部不时地发出光亮。她给学生一种既职业但又不乏女人味的感觉。

她将自己的讲义轻轻地放在讲台上，之后，转身来到学生们中间，深深鞠躬后问道："同学们，下午好！"教室里再一次响起了掌声。

"谢谢！首先告诉在座的女同学，如果你去参加某家公司的面试，可以选一套我这样的服装。"同学们跟着老师，很快进入了课堂之中。

课程完成得很成功。

问起学生的感觉，学生讲道："老师一出场，就让我感到不一般，有一种想进一步了解她的想法。"学生的话说明这位老师很有吸引力。

另一位学生讲："老师一下子就抓住了我的思路，不知不觉地就被她牵着走了。"这说明老师很了解学生的需求，而且，她的课程引入很成功。

其实，学生对这位教师的"第一印象"很好，是来自于下面这些因素：仪表、仪容、服饰、语言、表情、应酬等。

学生根据教师的这些具体行为表现，并根据自己以往的经验，很快就能对教师做出判断。

仪表、仪容、语言、表情、应酬等因素，是产生好的或不好的第一印象的制约因素。

我们清楚，第一印象往往是非理性的。但是，在人际交往中它又是客观存在的。

第一印象往往起着使人际交往是继续还是停止、是接受还是排斥的作用。

1960年的9月，尼克松与肯尼迪在美国的电视观众面前，进行竞选总统的第一轮辩论。

当时，这两个人的声望和才能不相上下。但是，多数评论员却预测尼克松能够成功。他们的根据是，尼克松有"电视演员"的称号，具有丰富的经验，一定能够击败缺乏电视演讲经验的肯尼迪。

但是，结果却与评论员们的判断截然相反。这是为什么呢？

因为肯尼迪在进行电视辩论之前做了充分的准备。

他不但进行了相关的练习和彩排，还专门去海滩晒太阳。

于是，当他出现在电视屏幕上时，给民众一种满面红光、精神焕发、侃侃而谈、挥洒自如的印象。

而尼克松因为过于自信，没有做充分的准备，还因为当时比较劳累，一副疲惫不堪的样子，更糟糕的是，化妆师还给他用错了粉底，深色的粉底使他显得身体健康状况都出了问题。

他的疲惫不堪，他的声嘶力竭，使多数民众认为这是一个不可信任的人。

当时，曾有人这样形容尼克松的电视形象："他让全世界看来，好像一个不爱刮胡子和出汗过多的人，带着忧郁等待着电视广告告诉他怎样不要失礼。"

尼克松败给了自己，败在忽视了自己的仪容仪表，败在忽视了自己的形象。

古往今来，人们常说："不可以貌取人。"但是，在实际生活和工作中，人们通常会不由自主地根据他人的外表，来判断对方的内在修养，并判断对方的地位、学识和身份。于是，"以貌取人"便有了存在的意义。

不论我们与他人是初次见面，还是再次见面，都存在印象好还是不好的问题。这就要求我们不论是与陌生人交往，还是与熟人交往，都要重视自我形象的确立。

在人际交往中，第一印象往往是不可逆转的。在人际交往中，交往双方在第一次见面时，一旦产生好的第一印象，往往能起到包容负面因素的作用；相反，对正面的因素也会持排斥态度。

在公务交往中，如果我们能很好地把握第一印象的确立，不放过第一次交往中的任何一个细节，就会在人际交往中把握主动。

思考题

- -

（1）请谈一谈对"第一印象"的认识。

（2）当指责一个人的好朋友时，在一般情况，这个人会做出什么反应？这是为什么？

（3）"第一印象"的制约因素是什么？为什么？

第二节　服饰的"TPOR"原则

古时候，我们的先辈为了遮丑、保暖而穿衣，而现在，我们更多的考虑是怎样用服饰来美化自己。

在服饰选择方面，公务人员要做到：干什么就要像干什么的。

什么样的服饰是适合我们身份的呢？

首先，服饰选择要遵守"TPOR"原则。

"TPOR"是英文中时间、地点、场合、角色四个词的首字母缩写。在服饰选择中，很好地把握这四个原则，就能产生自然和谐的美感。

一、把握时间原则

白天基本上是工作的时间，着装要考虑自己的工作性质和特点。

我们看到：从事服务业的人员，经常选择白色宽松的服装，既方便操作，又体现出讲究清洁卫生的严格要求。

在写字楼忙碌的白领人士，会选择西服套装、套裙，这种选择很好地体现出敬业、干练、庄重、严肃的职业特色。

空中小姐则身穿蓝色套裙，为每一位客人送去温暖的问候，这也很好地体现了一种热情、关心、体贴的工作态度。

在窗口工作的公务人员，为了体现良好的政府形象，也齐刷刷地穿上了工装。

在工作时间的服装选择，要以庄重大方为原则。如果参加公关活动、社交活动，则要以典雅端庄为原则。

在参加舞会、宴会、音乐会时，人与人之间的交往距离会相对近些，所以，选择服饰要更加讲究一些，一般以选择礼服为宜，礼服会与社交场合的气氛非常协调。

郊游、逛街、健身等休闲场合，我们可以选择款式随便一些、色彩鲜艳一些的服装，以达到让自己放松身心、缓解劳累的目的。

服饰选择还要根据季节的变化而变化。冬季，以选择轻便保暖的服饰为原则，春秋两季以选择轻便灵巧、薄厚适宜的服饰为原则，夏季则以选择凉爽简洁的服饰为原则。

二、把握地点原则

如果在绿草茵茵的运动场上穿着笔挺的西装，在严肃庄重的办公场所穿着拖鞋，在吊唁的场合穿得大红大紫，都会显得极不协调。这种不协调将会直接影响自身的形象。

穿着休闲服装出现在谈判场合的人，会给对方带来漫不经心、不尊重自己和他人的感觉。

在运动场上西服革履的人，往往给人故意拿捏、矫揉造作，与人格格不入的印象。

所以，服饰选择是否符合地点原则，直接影响着一个人的形象。

三、把握场合原则

服饰所蕴含的信息内容要与特定场合的气氛相吻合。否则，就会引起他人的疑惑、反感，甚至是拒绝，影响人际交往的质量。

某一年的冬季，中国有一个团体到日本访问。在参加一次会谈时，中方的一位女士被日方毫不客气地拦在门外，女士突然明白了自己被拒绝的原因：没有穿裙装。

在国际惯例中，女士在外交场合，无论春夏秋冬，都要穿裙装。

这位女士忽略了这一问题，被日方认为这是对他们的不尊重，所以被日方拒之门外。

在我们的一生中，面对的场合基本上有三种：

（1）公务场合。比如：上班、庆典、谈判及公关场合等。公务场合要选择比较正式的服装。

（2）社交场合。比如：舞会、音乐会、聚会、宴会等。适宜于社交场合的服装是礼服。

（3）休闲场合。比如：居家、散步、购物、健身等，休闲场合则要选择休闲装。

根据场合选择服装，才会产生美感。

四、把握角色原则

在婚庆场合，如果穿得比新郎、新娘还要光鲜，那肯定是失礼。在公务场合，如果女士身着无袖的上衣、过短的裙子，男士穿着露着脚趾的凉鞋等，都会给人留下不太严肃的印象。

把握角色原则，就是要求我们在一定的时间、地点及场合，选择适合自己身份的服饰。

比如国家领导人在与国际友人交流及参加庆典活动时，会选择西服套装。在下到基层体察民情时，会选择夹克衫。这种角色意识是需要我们学习的。

"TPOR"原则是服饰选择的基本原则。对于每一位公务人员，在遵守这些基本原则的基础上，还要考虑服饰和自己的肤色、体型、性格等的和谐。穿在他人身上很美的服饰，未必适合自己。要了解自己的特点，要勤于实践，这样才能发现适合于自己的服饰款式、服饰色彩、组合方法等。

思考题

（1）请回答：在谈判场合，我们应该选择什么样的服饰？可以选择笔答，也可以选择以绘画的方式回答。

（2）请分析在自己的周围，有哪些服饰选择不符合"TPOR"原则的现象。

（3）在服饰选择方面，您最欣赏的人是谁？为什么？

第三节　男士公务场合的服装款式

对世界来说，公务员代表的是国家形象，对民众来说，公务员代表的是政府形象。所以，出于责任，我们必须重视自己的形象。

公务场合的服装选择，首先要与场合的性质相一致。

公务场合是严肃、认真的场合，与这一性质相适宜的服装是西服套装、套裙、工装等。

一、男士西装的三大流派

西装是一种外来文化。男士在公务场合选择西装，可以表现出庄重、传统、典雅的风格。

国际流行的西装款式有美式、英式和欧式三大流派。

1. 美式西装

美式西装的面料比较薄，有一定的弹性。在整体造型上，美式西装没有过高的垫肩，胸围松紧适度，略收腰身，后身下摆开单衩或开双衩。

美式西装追求自然美的状态，穿起来比较随意，也比较舒适。从美式西装的造型可以看出美国人追求洒脱、自由的生活理念。

2. 英式西装

英式西装的特点是，在面料的选择上追求高档次，一般会选择纯毛面料；在色彩的选择上突出威严和庄重，多以黑色或深蓝色为主；在整体造型上追求流畅和平坦，从而体现出英国人特有的绅士派头。

3. 欧式西装

欧式西装追求造型优雅、剪裁得体。选用黑色和蓝色的面料较多，面料质地以精纺毛织物为主。肩部垫得很高，胸部十分挺括。整体造型与英式西装相似，但比英式西装更考究。穿上欧式西装，给人一种自信和挺拔感。

作为公务人员，平时上班，我们可以选择美式西装。参加宴会、会见贵宾、参加庆典等活动时，我们可以选择英式西装。在参观、舞会、访友、会议等场合时，可以选择欧式西装。我们还可以根据自己的身材和爱好进行选择。

二、西装兜的使用

西装的兜有十来个。但是，很多衣兜只具有装饰作用，能够装东西的并不多。从这一侧面，我们可以了解到西方人重视服饰美的观念。

1. 上衣前身左胸处的兜

常有人将笔或名片夹等物品放在这个兜里，这是错误的。这个兜是装饰兜。比如：在参加庆典活动时，我们可以将口袋巾放在这个兜里（图2-2）。

◎图2-2

2. 上衣前身下摆处的两个兜

这两个兜是装饰兜，是不可以放东西的。

很多男士在购置西服后，不会拆开这两个兜的兜线，说明他们很清楚这两个兜的作用。

3. 上衣内侧的兜

这两个兜是具有使用功能的，我们可以将名片夹、笔、票夹等放在这里。

4. 裤子的后兜

裤子的后兜是不装东西的。这样做可以避免出现鼓鼓囊囊，影响裤型美观的现象。很多男士也不会拆开这两个兜的兜线。

5. 裤子的侧兜

这两个裤兜可以适量地放一些东西，以不影响裤型美观为原则。

6. 马甲前身的下兜

马甲前身的下兜，在过去是用来装怀表的，现在怀表已退出了历史舞台，所以，这两个兜也衍变成了装饰兜。

三、西装扣子的系法

同西装兜的使用相同，西装的扣子也有装饰扣与功能扣之别。

1. 双排扣西装扣子的系法

双排扣的西装，有四粒扣与六粒扣之分。在穿着时，要有几个扣眼就系几粒扣子。

2. 单排扣西装扣子的系法

单排扣的西装有两粒、三粒或多粒扣子的区别。在正式场合，要将两粒扣的上边一粒、三粒扣的上边两粒或中间一粒扣系上。如果是多粒扣的西装，最下面的一粒扣是不需要系的。

在落座时，在没有交往对象时，可以将西装的扣子全部解开。

我们发现，在颁奖仪式上，当主持人宣布"有请×××领导上台颁奖"时，领导会一边起身，一边将西装的扣子系好。相信，这种行为已经成了他们的习惯。

在公务交往中，男士在特定的场合，还可以选择夹克衫。比如：如果到基层进行调研，选择夹克衫更能体现对基层人员的关怀。

目前，很多公务员会在上班时穿统一制作的工装。工装明显地体现了服装的职业和身份的标示作用，这是服装最重要的社会功能。应该说，服装的这种社会功能极大地方便了我们的日常生活和工作，有效地协助和维护了社会生活的秩序。所以，要穿好工装。

（1）您喜欢选择单排扣西服，还是喜欢选择双排扣西服，为什么？哪一种西服是正式场合的首选？

（2）以图画的方式，表达出西装兜的正确使用方法。

第四节　男士西装配件及饰品选择

西装的配件有衬衫、马甲、领带、皮带、皮鞋、袜子、大衣、领带夹等。

一、西装的配件及着装要领

1. 衬衫

有领衬衫是西装着装时的必需品。衬衫的衣领从形状上分为标准、扣结、饰针、圆领和敞开五种形状（图2-3）。大家可以根据自己的体貌特征、西装的款式及自己的喜好进行选择。

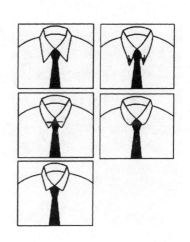

衣领要挺括、衣服要平整是衬衫的基本要求。在出席重要的活动时，选择白色、蓝色纯棉质地的衬衫比较好。

打领带时，要将衬衫所有的扣子系好。

衬衫的下摆要扎放于裤腰内。

要使衬衫的领子高于西服领子1～2厘米

◎图2-3

（图2-4）。衬衫的袖口长于西服袖口1～2厘米。这样，既能体现出一种层次感，又能保护西服的衣领和袖口。

2. 马甲

马甲有一定的装饰效果，在天气较凉时还可以御寒。

穿马甲时，双数扣子的马甲最下面的一粒扣子不要系，单数扣子的马甲要将所有扣子系上。

公务场合，不可以单独穿着马甲。

3. 领带

男士领带的起源有很多种说法，其中一种说法是：

◎图2-4

一次，法国的路易十四国王召见自己的大臣上朝。当大臣都已经到齐时，大家看到路易十四站了起来，走到了大臣中间，并在一位大臣面前站住。

他看着这位大臣问道："你今天怎么和别的大臣不一样啊？"

这位大臣听到国王这样的询问，吓得战战兢兢，他看着国王，不知如何回答。

停顿片刻后，这位大臣突然想起自己脖颈上系着的丝带。他抬起手想要解下这条丝带，却被国王拦了下来。

国王继续问道："我是在问你为什么和别的大臣不一样？"

大臣回答道："一早出门时，看外边很冷，就系了这条丝带，原来想进门前要解下来的……"

听到这里国王伸出了手，示意大臣不要说了。

国王转身回到自己的座位前，转过身说道："今后，只要上朝，大家都要像这位大臣那样做。"

就在那一刻，路易十四国王宣布了领带的诞生。

到目前为止，领带有箭头形、翼状形、平头形、线环形、缎带形、宽形和巾妆形七种（图2-5），而使用比较多的是前四种。

使用领带最重要的在于打领带的方法要正确。领带的打法有很多，下列各图示范的是温莎式的结（图2-6）、半温莎式的结（图2-7）、四合一式的结（图2-8）的打法。

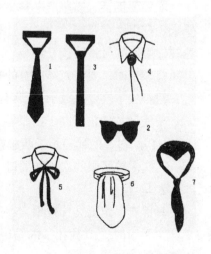

◎图2-5

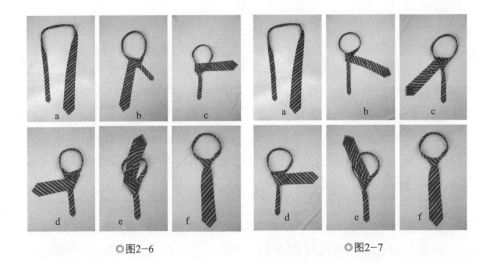

◎图2-6　　　　　　　　　　　　　　◎图2-7

温莎式的结给人饱满、大方的感觉，这种领结适宜领子比较宽的西装，适合身材比较高大的男士。半温莎式的结与四合一的领结适合领子比较窄的西装，适合身材比较纤细的男士。

传统的领带结讲究光滑平展。但是，现在人们更喜欢领带打好后有凹痕的打法，并将凹痕形象地称作"男人的酒窝"。

在选择领带时，丝质面料的领带较好，图案为细致斜条纹的领带较为正规和美观。

◎图2-8

在公务场合穿着西装时都要打领带。

领带打好后，大箭头要在皮带扣处，领带结要与衬衫的领子融合在一起。

在穿V领毛衣或马甲时，领带要放于毛衣或马甲内，还要注意不要将领带的下端露在马甲或毛衣的外面。

4. 皮带

与西装相配的皮带是金属质地、板式扣的西装皮带。皮带要平整光滑，不要有明显的图案、花纹。皮带的色彩应与皮鞋、公文包的色彩相一致比较好。皮带要系于髋骨以上部位。

5. 皮鞋

没有一双比较适宜的皮鞋，西装的整体效果就会大打折扣。

适宜与西装搭配的皮鞋是薄底、素面的皮鞋。通常情况下，黑色系带皮鞋是比较理想的皮鞋类型。这是因为黑色给人稳重的感觉，系带不但可以调整皮鞋的舒适度，还能展示一个人勤奋、利索的形象。

皮鞋要经常擦拭，保持清洁光亮。在一次政府官员的礼仪培训中，一位学员讲道："一个人是否有清洁卫生的好习惯，看一看他的鞋底外侧有没有灰尘就知道了。"

6. 袜子

袜子有两个功能，一个是保护双脚，另一个是不要让腿部皮肤露出来。

因此，要选择袜腰比较高的中筒袜子，中筒袜子是袜腰高至小腿肚子下部的袜子。它能够保证我们在落座时，即使是裤腿上移也不会露出腿部。

袜子的色彩要与裤子的色彩一致，或比裤子的色彩略深。这样，会带来色彩过渡比较自然的效果。比如：穿白色西服时，配上白色袜子会比较好。穿蓝色西服时，配上蓝色、深灰色或是黑色袜子会比较好。

袜子的质地以纯棉为佳。

7. 大衣

穿大衣是为了御风、御寒。大衣的长度要长于西服的长度，款式要与西装相协调，面料要比较挺括，色彩要比较浓重。

8. 领带夹

领带夹的主要作用是固定领带。对于六粒扣的衬衫，领带夹要夹于衬衫扣子由上向下第四粒衬衫扣处，如果是七粒扣的衬衫，就需要在第五粒扣处。总之，使用领带夹，要在系上西装扣子后，不露出领带夹为宜。

如果不妨碍工作，可以不用领带夹。

二、饰品的选择

与西装相配的饰物有手表、胸章、钱夹、袖针、公文包、笔、围巾、首饰等。

1. 手表

与西装相配的表其特点是款式简约，没有复杂的图案，颜色比较保守，时钟标识清晰，表身比较平薄，金属表带的颜色要与其他饰品协调。

2. 胸章

在西装上衣左侧领子的上部扣眼处，可以别一枚胸章。胸章的大小要适宜，质地要讲究，图案要简洁。

3. 钱夹

与西装相配的钱夹是长方形钱夹。可以折叠的钱夹属于休闲钱夹。

长方形钱夹可以将钞票平放于包内，钱夹要放于西服内兜里。钱夹中不要放太多物品，以不影响西服的平整为宜。

4. 袖针

袖针是一种装饰品，使用袖针时要注意与其他饰品相协调。

5. 公文包

穿着西装参加重要公务活动时，要使用硬质公文包，不能使用软布包、旅行帆布包等。皮质公文包是好的选择，密码箱、手包可以代替公文包。

6. 笔

随身携带笔是一种好习惯。笔要放在西装内兜中，不要放于外侧的兜中。

7. 围巾

围巾往往与大衣相配，要将其放于大衣内。

8. 首饰

男士在选择首饰时要把握尽量少的原则。一般选择1~2款即可，以免形成粉面小生的形象。

首饰要质地上乘，款式简洁大方。

首饰的色彩要稳重、清纯。比如：在戒指的色彩选择上，以银白色为好。

思考题

- -

（1）请选择适合自己的领带打法，并进行操作。

（2）哪些物品在颜色一致时会比较协调？

（3）请参考这一节的内容，总结出西装配件及饰品选择的原则是什么？为什么？

第五节　女士公务场合的服装款式

套裙是公务场合女士服装的首选。

女士套裙由男士西装衍变而来。女士套裙既能体现着装者柔媚、婉约、清丽的风韵，又能体现干练、敬业、成熟的职业特点。目前，套裙已被公认为是职业女士的最佳选择。

一、面料的选择

女士套裙一般选择匀称、平整、柔软、悬垂、挺括的面料。比如人字呢、女士呢、啥味呢、法兰绒等纯毛面料。还可以选择高档丝绸、亚麻、府绸面料等。

二、图案的选择

女士套裙，可以选择带有小的圆点、或明或暗的条纹、比较小的碎花等图案。不能选择有宠物、人物、文字、花卉的图案，这些图案与套裙的风格是不和谐的。

三、造型的选择

女士套裙的造型，基本上有以下四种：

1. "A"型

"A"型套裙的特点是，上衣为紧身式，下裙为宽松式。这是一种上紧下松的造型，其造型上的松弛有致、富于变化和动感，能很好地体现出上身的身材优势，又能恰当地遮掩下身的身材劣势。

2. "H"型

"H"型套裙的特点是，上衣比较宽松，下裙为筒裙。这种造型能体现出优雅和含蓄的美感，还可以使比较丰满的人显得比较秀气。

3."X"型

"X"型的特点是，上衣为紧身式，下裙为喇叭式。这种造型能较好地体现腰部曲线，给人带来婀娜多姿、魅力无穷的感觉。

4."Y"型

"Y"型的特点是，上衣比较宽松，下裙为紧身式，基本造型是上松下紧。这种造型可以很好地遮掩上半身的身材弱点，突出表现下半身的身材长处，给人带来亭亭玉立、端庄大方的感觉。

四、款式的选择

女士套裙的款式变化，表现在上衣领型的变化上。有枪驳领、一字领、V字领、U字领、圆领，还有青果领、燕翅领、束带领等。

另一个变化表现在扣子方面，有双排扣、单排扣；有明扣、暗扣。在扣子的数量上也有很多不同。

套裙的款式变化还表现在裙子款式的多种多样上。有一步裙、筒式裙、西服裙等，还有旗袍裙、百褶裙、开衩裙等。

款式的变化给我们带来了更多的选择。在选择套裙时我们要注意根据自己的体貌特征进行选择，因为，适合自己的才是美的。

五、常见的四款女士套裙

1. 经典的西服领套裙

西服领套装领型的见棱见角，以及直线条的设计给人带来干练、利索的感觉。这款服装既适合上班时选择，更适合参加单位组织的会议及接待活动等场合。西服领套装有大领型和小领型之分，大脸型的人适宜选择大领型，小脸型的人适宜选择小领型。

2. 无领的女性化套裙

无领套裙（图2-9）的领型多样，不但给我们带来了选择的宽泛性，还能使我们每个人都显得比较轻巧和柔和。所谓的宽泛性选择，是指可以根据脸型选择领型。比如："V"领比较适合圆脸的人，方领比较适合尖

◎图2-9

脸的人，一字领比较适合长脸的人，圆领比较适合方脸的人。

3. 束腰的时装化套裙

束腰的时装化套裙能很好地体现女性的线条美，还能使身材比例显得比较恰当（图2-10）。但是，此款服装不太适宜上身较短及体型较胖的人。

4. 民族的中式套裙

中式服装的立领、镶边、盘扣等体现着中国人特有的庄重、谦和与细腻。

随着社会的发展，中式服装也产生了很多的变化。比如：领型的变化，袖口的变化，衣服长短的变化。这些变化打破了传统服装的中规中矩，使人们更乐于接受它。

要注意的是，在公务场合，女士的裙子有长度要求，其要求是不要短于膝盖上一拳，也不要长于小腿肚的中部。另外，上衣的长度要做到：当穿好上衣，直臂举起胳膊时，不要露出自己的裙腰。

套裙是公务场合女士服装的首选。我们还可以根据天气、办公环境等因素，来选择套裤或者是非套裙、非套裤。

◎图2-10

在公务场合，如果裤子的长度比较短，容易让人产生不严肃、太休闲的感觉。裤子的长度要长及鞋面。裤子的面料要具有一定悬垂感，款式以直筒或小喇叭形为好。小喇叭形款式的裤子可以拉长人们的视线，使腿部看上去更加修长，给人带来很好的视觉感受。

思考题

（1）在常见的四款女士套裙中，您认为自己适合哪些款式，为什么？

（2）请回答女士公务场合的着装禁忌，并分析原因是什么。

第六节　女士套裙的配件及饰品选择

女士套裙的配件有衬衣、马甲、袜子、高跟鞋、大衣等。

一、女士套裙的配件及穿着要领

1. 衬衣

女士衬衣的领口有开领、花领、圆领、V领等。衬衣领口的大小要根据外衣来决定。一般是要小于外衣的领口，还要保证领口不要太低。

衬衣的色彩要与外衣的色彩相协调。图案不要太夸张，也不要有繁杂的花边等。

2. 马甲

女士马甲的穿法与男士马甲的穿法是一致的。只是要注意不论是双数扣还是单数扣，都要全部系上。

3. 袜子

穿西服套裙时，一定要注意袜子的选择。

公务场合，要选择连裤、肉色的袜子。选择深色套裙时，可以配以深色连裤袜。冬季可以选择较厚的棉毛质地的连裤袜以保暖。

要注意的是，镂空的、有图案的、钩了丝的袜子是不可以穿的。所以，在上班或是参加重要活动时，自己的包里要放一双备用的袜子。

4. 高跟鞋

不论是穿套裙还是穿套裤，都要穿高跟鞋。

高跟鞋的高度最好不要低于3厘米。还要选择质地比较好的皮鞋。黑色皮鞋是比较好的选择（图2-11），但也可以根据套裙的色彩进行适宜的搭配。

◎图2-11

暖和的天气，可以选择船鞋。比较冷的天气，可以选择鞋脸比较长的皮鞋，但是不可以穿靴子。

5. 大衣

女士西服大衣的长度，以穿好大衣后不露出裙摆为宜。在选择时，要考虑质地、色彩、图案以及款式与套裙的协调。

二、饰品的选择

女士饰品有胸花、手袋、丝巾、首饰等。

1. 胸花

胸花是女士比较重要的饰品。胸花一般别在左侧胸襟处。

据说，在战争时期，当士兵在战场上立功时，得到的勋章是要戴在右胸的。一次，一名士兵在立功后发现，右侧胸襟已没有佩戴勋章的位置了，他就随手将其戴在了左侧胸襟。幸运的是在一次战斗中，左侧胸襟的勋章挡住了敌人的子弹，保住了这名士兵的性命。

所以，人们逐渐形成了勋章戴在左侧胸襟是吉祥的概念。

胸花的大小要与衣服面料的薄厚、气候的变化、出席的场合性质及自己的体貌特征相协调。胸花的款式要简洁，质地要讲究，色彩要与服装的色彩相协调。

在穿着套裙时，会因为上衣和下裙色彩的一致给人带来比较呆板的感觉。如果佩戴一枚胸花，将会打破这种呆板。所以，女士要多准备一些胸花。

胸花要佩戴于距离上衣肩线15厘米左右的位置。这样做，人会显得比较精神。胸花还可以佩戴于左侧衣领上。

2. 丝巾

丝巾是女士的一个很好的饰品。丝巾的大小、色彩、质地以及图案，可以根据情况进行选择。丝巾的系法有很多，图2-12是丝巾常用的系法，大家可以根据自己的喜好进行选择。

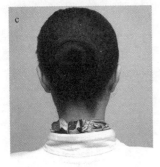

◎图2-12

3. 手袋

女士裙装与裤装的兜袋里尽量不要放其他随身物品，尤其是裙装更是如此。所以，手袋就成了女士的必需品。

在公务场合，女士的手袋以接近公文包形状的款式为佳，大家可以参考男士公文包的选择方法，要注意的是要比男士的公文包略小一些。

4. 手表

公务场合手表的选择，请大家参考男士手表的选择方法。

5. 首饰

女士佩戴首饰会起到画龙点睛的效果。在佩戴首饰时，要遵守以下原则：

（1）首饰之间的协调。佩戴的首饰要质地一致。比如：如果选择了金项链，其他首饰的质地也应该是黄金。所佩戴的首饰应该款式一致。比如：如果耳环是环形的，项链是白色珍珠的，戒指是镶嵌了宝石的，这三种首饰因为款式各异，就显得很不协调。佩戴首饰是为了起到点缀作用，所以，不要戴得数量太多。要做到最多不要超过三款，不然会给人比较俗气的感觉。

（2）首饰与环境相协调。不同的季节要选择不同的首饰。比如：夏季可以佩戴色彩鲜艳的工艺仿制品，以体现夏日的浪漫。冬季可以选择宝石、金银等饰品，以显得高雅和清纯。公务场合，要选择淡雅简朴的首饰。参加晚宴时则要选择华贵亮丽一些的首饰。

（3）首饰与服装相协调。艳丽的服装要与淡雅的首饰相配或不佩戴首饰。浓重单色的服装要与色彩明亮、精巧的首饰相配。旗袍要配以稍长些的珍珠项链等。

（4）首饰与相貌相协调。首饰与相貌相协调，包括与个人的体型、脸型、发型、年龄等相协调。这样做可以起到用首饰来掩饰自己不足的作用。比如：脖子较长的人，不要戴很长的项链。脸型较长的人，不要选择下垂的耳饰。年龄较大的女士，则要选择比较精致的首饰。

思考题

（1）请选择适合自己的丝巾打法，并实际操作。

（2）哪些物品在颜色一致时会比较协调，它们是什么？

（3）请参考这一节的内容，总结出女士套装的配件及饰品选择的原则。并回答为什么。

第七节　适宜公务场合的服装色彩

公务员的服装色彩，在明度比较高时，会使交往对象的视觉不舒服，进而使对方产生烦躁的感觉；同时，还容易使自己失去权威感。而在色彩明度比较低时，会使交往对象的视觉比较舒服，进而使对方的情绪比较稳定，并有利于交流的进行。但是，要避免选择过于沉重和使交往对象感到情绪压抑的颜色。比如：当全身服装都是黑色时，会使对方的情绪变得比较压抑。

服装色彩的搭配是一门艺术，搭配得好，会给自己带来美感。在这一节中，我们与大家分享服装配色的相关内容。

一、服装配色的主要方式

1. 主色调的搭配

主色调搭配是指以一种色调为主导色，配以适合主色调的其他颜色，形成相映生辉、互相陪衬的效果。

在选择这种搭配方法时，首先要确定主色调是什么，是红色调还是蓝色调，是冷色调还是暖色调，是灰色调还是亮色调。之后选择与主色调相适宜的装饰色。装饰色不宜选择太多，不然会给人带来比较俗气的感觉。比如：当女士选择灰色套裙时，再搭上一条浅粉色丝巾，这样就很协调。

2. 同色调的搭配

这种色调搭配是指由不同明度的同一色调或相近色调进行的搭配方法。

比如：男士将西服、衬衫、领带，用深浅不同的蓝色或深浅不同的其他颜色进行搭配，可以给人庄重、可信的感觉。

又比如：女士可以将奶黄色上衣配以棕黄色裙子，这种搭配能给人带来端庄、高雅的感觉。

在用同色调进行搭配时，要注意将色彩的明度距离适当地拉大，以避免产生沉闷、呆板的感觉。

3. 邻近色的搭配

邻近色也称作相似色。如：红色与橙黄色、绿色与蓝色等的搭配。采用相似色搭配时，尽量使色彩的明度反差大一些。反之，如果将很亮的红色与很亮的橙色搭配在一起，就会很刺眼。

4. 对比色的搭配

在我们很小的时候，父母会在下过雨后，拉着我们的小手指着天空说："瞧，那就是彩虹。"就在那时，我们知道了彩虹，知道了彩虹的色彩顺序是：赤、橙、黄、绿、蓝、靛、紫。上学后，老师又告诉我们："当将彩虹的色彩按顺序弯成一个圈后，那就是色环。"

什么是对比色？色环上形成平角的两个颜色就是对比色。对比色的搭配，是色彩鲜明的搭配，也是很有个性的一种色彩搭配。比如：男士可以在选择蓝色西装时，在西服领上别一枚黄色胸章。这样做，可以打破服装色彩带来的呆板感觉，从而给自己带来具有活力的感觉。

二、服装配色的五种简易方法

1. 呼应法

使衣服、围巾、鞋子的颜色相呼应，比如：蓝色裤子，配蓝白色细纹衬衫；红色上衣，配红白花纹裙子等。这种呼应配色法可产生和谐美好的感觉。

2. 陪衬法

陪衬法是将上衣的门襟、衣领、镶边，裙子的裙摆等，选用不同的色彩进行搭配的方法。这种搭配方法能较好地表现出生动的色彩美。

3. 对比法

将上衣的某一部位与上衣整体，将裙子与上衣之间用不同的色彩搭配，形成较大的反差的搭配方法。例如：白色上衣配黑色裙子，橙色上衣配蓝色裤子等，能给人带来明快的感觉。

4. 点缀法

点缀法是在同一色调的衣服上，点缀不同色彩的镶边、兜、纽扣、领边等的方法。如：黑色上衣配上红色纽扣，这种配色会使人显得既庄重又文雅。

5. 统一法

衣服与饰品一律选择相同的色彩的配色方法叫统一法。比如：白色套裙，配白色鞋子。这种配色方法会使人产生和谐的效果。

三、找到属于自己的色彩

我们建议，肤色偏白的人选择冷色服装，肤色偏黄的人选择暖色服装。这样做，可以达到人与服装色彩和谐统一的目的。

我们还经常将春、夏、秋、冬四季与人的肤色联系起来，并将其分为春季型人、夏季型人、秋季型人以及冬季型人。

那么，您属于哪个季节型的人呢？属于您的色彩是什么呢？

我们首先请肤色偏白的人完成以下题目：

（1）您的面孔给人留下的感觉是：

　　A. 面部清晰　　　　　B. 面部浅淡柔和

（2）您眼睛的黑白对比是：

　　A. 鲜明　　　　　　　B. 不鲜明

（3）您的头发是：

    A. 乌黑浓密　　　　　B. 浅灰黑

（4）在不化妆时，面部靠近黑色，肤色映衬的感觉是：

    A. 没有太强的感觉　　B. 感觉非常强

（5）不论皮肤深与浅，您的脸颊是：

    A. 不易出红晕　　　　B. 脸颊易出淡淡的玫瑰色

（6）您的服装在比较协调时，选择：

    A. 对比度强的色彩会比较漂亮

    B. 比较柔和的色彩会比较漂亮

如果您的选择是A比较多，则属于冬季型人。如果您的选择B比较多，则属于夏季型人。

冬季型人要以深冷色作为服饰色彩的基调。冬季型人的服饰色彩选择很宽泛，纯色最适宜他们，在选择搭配中做出对比度，色差大。

夏季型人要以浅冷色作为服饰色彩的基调。夏季型人可以选择粉色、蓝色、紫色系列的服饰。灰色会给他们带来高雅的感觉。要注意的是，黑色、黄色和比较深的色彩适合点缀，不宜大面积搭配使用，而应选用柔和、渐变、色差小的搭配使用。

现在，我们请肤色偏黄的人完成以下题目：

（1）您的面孔给人留下的感觉是：

    C. 沉稳的感觉　　　　D. 明亮的感觉

（2）您眼睛的黑色对比是：

    C. 比较深沉　　　　　D. 比较明亮（有光泽）

（3）您的头发是：

    C. 暗茶色或深棕色　　D. 明亮的浅棕色

（4）在不化妆时，面部靠近本色，肤色映衬的感觉是：

    C. 偏深黄的象牙色　　D. 偏浅黄的象牙色

（5）不论皮肤深与浅，您的脸颊是：

    C. 脸颊不易出红晕　　D. 肤色易出浅珊瑚色

（6）您的服装在比较协调时，选择：

    C. 比较柔和的色彩会比较漂亮

    D. 对比度强的色彩会比较漂亮

如果您的选择是C较多，则属于秋季型。如果您的选择D比较多，则属于春季型人。

　　秋季型人要以偏深暖色彩为服饰色彩的基调。适宜于秋季型人的色彩是深棕色、苔绿色、铁锈红色、芥末黄色、绿松石蓝色，以突出温暖、华丽作为选色原则，要避免大面积地使用冷色。

　　春季型人要以浅暖色作为服饰色彩的基调。适宜春季型人的色彩是淡黄色、象牙色、橘红与橙红色、黄绿色、浅金色、淡水蓝色、偏黄的蓝色等。要避免大面积选择黑色和比较深的颜色。

　　服饰色彩的和谐还会受到场合的制约。

　　全国妇联"心系女性"教育工程，每年都要围绕教育工程的核心内容组织宣传教育活动。在他们发出的邀请函中经常有这样的文字：主席台的背景为粉色，请选择适宜的服装。

思考题

（1）请列出适宜公务场合的服装色彩。

（2）请回答：您喜欢哪种服装配色的形式？为什么？

（3）请回答：您属于哪一个季节型的人？请选择适宜的色彩，为自己搭配一套公务场合的服装。

第八节　适宜社交及休闲场合的服饰

　　选择与场合性质一致的服饰，才能体现出美感。社交场合的着装要突出"时尚个性"的风格。休闲场合的着装则要突出"舒适自然"的风格。

一、社交场合的服饰选择

　　公务员在工作之余的社交场合，比如：舞会、音乐会、聚会、宴会等，可以选择礼服、民族服装、时装等服装。

1. 男士社交场合的服饰选择

礼服是最具有装饰效果的服装。随着越来越快的现代生活节奏，很多礼服款式已越来越难觅踪影。

目前，小礼服和深色西服套装是男士在社交场合经常选择的服装款式。

小礼服的特点是衣领镶有平整光亮的缎面，腰间系宽大平滑的缎带，还要配以黑色蝴蝶领结（图2-13）。

◎图2-13

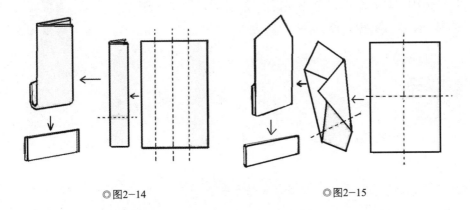

◎图2-14　　　　　　　　　　◎图2-15

深色西服套装的特点是上衣和裤子的色彩、款式、质地要一致。

在社交场合，男士如果在上衣左上兜内放入口袋巾，则会很好地给自己增添光彩。口袋巾的折法有长方折（图2-14）、多角折（图2-15）、三角折等（图2-16）。

除了小礼服和西服套装外，民族服装和时装也可以作为礼服。张艺谋、陈凯歌等著名导演，在庆典仪式上经常穿着中山装，给人带来传统、庄重、亲切、美好的感觉。

男士在社交场合要选择皮鞋。

2. 女士社交场合的服饰选择

女士社交场合的礼服以裙装为主，其特点是裙长可以长及脚面或

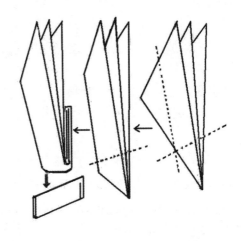

◎图2-16

稍短些，衣领的领口比较大、比较深，还可以佩戴帽子或选用比较夸张的首饰。

同男士社交场合的服装选择相同，女士也可以选择民族服装和时装。旗袍是体现中国女性独特美的服装（图2-17）。

女士在社交场合要选择高跟鞋。

二、休闲场合的服饰选择

休闲装款式多样，色彩丰富。在选择时要考虑舒适、美观、实用及突出个性。

◎图2-17

思考题

（1）请对自己在社交场合曾选择的服装进行分析，找到优点与缺点，并进行改进。

（2）为自己准备一套礼服，包括服装、配件、饰物等。

第九节　不适宜公务场合的服饰

公务员所从事的工作，其性质是严谨的、认真的，这就要求我们的服饰选择要体现庄重保守的原则。同时，由于我们的工作是面对人的，我们的服饰还要具有美感，就是在体现庄重保守这一特点的同时，还要体现服饰美的理念。

记得在2007年的暑假，外交学院承担了为来自香港的中小学生们完成大陆文化交流的夏令营学习任务。

我荣幸地收到了外交学院发来的邀请，为这些学生完成大陆礼仪文化的交流和学习。

在与这些学生交流的过程中，打动我的情景有许多，其中一个方面是参与这次交流的外交学院的教师们。

北京的夏天很热，热得人们即使穿着短袖衬衫都觉得很难耐。但是，那天我却感受到了外交学院教师们的敬业精神。这种敬业精神是从他们规范的、美好的着装中感悟到的。在夏季，多数人认为，男士穿长袖衬衫，就已经很郑重其事了。可是，我却看到了所有男教师都打着领带，穿着长袖衬衫、西装外套，还穿着黑色系带皮鞋。我还看到，汗水从这些教师的脸上淌下，浸透了他们的衣衫。

此刻，教师们的着装体现着对教学任务的认真态度、敬业精神和严谨的工作作风，他们是我们的楷模。

以下服饰与我们的身份是相悖的。

一、不适宜女公务员的服饰

（1）领子过低的上衣。

（2）裙子长度短于膝盖上一拳。

（3）面料太轻薄且透明。

（4）上衣、裤子、裙子的图案过于夸张。

（5）领子上、门襟上有过多的花边或其他装饰。

（6）过于宽大或过于紧身的衣服。

（7）色彩比较刺眼的服装。

（8）过于夸张、件数过多的首饰。

（9）过于时尚的服饰，比如：凉拖鞋、吊带裙、短裤等。

二、不适宜男公务员的服饰

（1）露脚趾的鞋子。

（2）过大、过小、过短的服装。

（3）无领上衣。

（4）短裤。

（5）穿深色西装时穿浅色、低腰袜子。

三、不论是男士还是女士，还要注意以下服饰细节

（1）不要选择无袖上衣。

（2）不要穿着任何带有品牌印记的服装。

（3）忌讳破旧的、带有印渍的、不清洁的、带有异味的服饰。

（4）要经常换一换衣服。比如：夏季内衣要一天换一次，外衣要两天换一次。这样做，不但能保持身体气味的清新，还能给别人带来视觉的新鲜感。

思考题

（1）请列出公务场合所见到的不适宜的着装。

（2）请分别画出适宜公务场合、社交场合及休闲场合的服装，并说出它们的不同之处。

第三章
仪容礼仪

　　仪容是指一个人的外在容貌，即头部、面部、手部等直接裸露在外的部位。

　　一个人的仪容集中了用于观察、体验事物的重要器官。所以，在公务交往中，仪容最容易引起交往对象的注意。如果能端庄秀丽，看上去赏心悦目，就会使对方产生愉悦的心情，就会产生良好的第一印象。在这一章中，我们将分享面部皮肤的性质及面部皮肤的结构、女士化妆的原则及方法、男士面部保养及修饰、公务场合的发型选择等内容。

第一节　分享天津南开中学的"镜铭"

我们对天津南开中学的"镜铭"非常熟悉，它的内容是："面必净，发必理，衣必整，纽必结，头容正，肩容平，胸容宽，背容直；勿傲，勿暴，勿怠；颜色：宜和，宜静，宜庄。"

因为周恩来曾在天津南开中学读书，还因为周恩来是风度翩翩、注重仪表的人，所以，人们经常将天津南开中学的"镜铭"与周恩来总理联系在一起。

周恩来总理讲究简朴，但又不失大国领导的气度。周恩来总理不论是与国外友人在一起，还是与中国的百姓在一起，都以服装整洁、面部清爽、发型利索的形象出现。

香港某大型保险中介由优秀保险经纪人和保险代理人组成，这个团队有一个共同的特点：他们的皮肤和头发都保养得相当好，简直可以成为护肤护发、美容美发的典范。

香港的保险业人士非常注重自己形象的塑造，把护肤护发当作形象塑造的第一课认真对待，日复一日地对皮肤和头发进行科学的护理，他们认为这样做的好处有很多：

（1）可以使自己保持良好的心情，而良好的心情是身心健康的基础和前提。

（2）可以使公司员工之间亲善和睦，部门同事之间相互赏心悦目，最大限度地减少矛盾和摩擦。

（3）可以带给客户一种端庄亮丽的视觉感受，使客户乐于与你交往，从而增加签单的数量。

（4）如果全体员工都很好地做到了这一点，那么对于公司的整体社会形象、对于公司的业绩和发展肯定是大有助益的。

由此我们可以得出结论：良好的仪容对事业能起到促进作用。

"不饰无貌，无貌不敬"是儒家仪容观的基本规范。在《尚书·大传略说》《大戴礼记·劝学》《说苑·建本》《孔子集语·劝学》等儒学著作中都有大同小异的一段话："君子……见人不可以不饰，不饰无貌，无貌不敬，不敬无礼，无礼不立。"这段话包括了两层意思：

（1）待人接物时必须要重视仪容的修饰。人的容貌仪表，是人的内在情感的外在表现形式，"夫貌，情之华也。"不饰仪容，内在的美好情感就不可能充分地表达出来，这不是人们应有的待人接物的态度。

（2）仪容修饰的目的在于尊敬他人，通过自己仪容的修饰，使他人感受到被尊重。仪容不饰，不修边幅，甚至于放浪形骸，便是对他人不恭，是蔑视他人，也是自己或傲慢、或狂妄的表现。

儒家倡导的仪容观，以自然、优雅、真诚、适度、敬人敬己为特点，以提升理想人格、和谐社会关系为目标，要求表里如一，在中华民族的历史上曾经起过非常重要的作用，培养了像周恩来总理这样一些集崇高的品德与优美的仪容于一身的光辉典范，造就了人们彬彬有礼的社会风气，为中华民族赢得了"礼仪之邦"的盛誉，其思想和观点，积淀为中华民族既注重内在美又注重外在美的传统。

不论是天津南开中学的"镜铭"，还是儒家的仪容观，或是我们的榜样周恩来，这些观念和行为所体现的中心思想是：仪容修饰是为了表达美好的情感，是为了表达对他人和自己的尊重。

思考题

（1）请举例说明仪容修饰是尊重他人和自己的表现。

（2）请阅读下列案例，并谈一谈自己的想法：

某单位准备迎接来自法国的考察团。

单位领导对此次活动很重视，在接待程序和接待细节等方面都做了充分的准备，还选出了自身形象比较好、表达能力比较强、比较有经验的几位员工承担接待工作。

她们来到门口迎候法国客人。

当她们热情地带领客人进入单位时，一位法国男士问道："请问，你们每天都这样吗？"

女员工被问得不知如何回答，她们疑惑地反问道："先生，您的意思是……"

男子笑着应答道："在法国，我几乎没有看到过不化妆的女士。你们每天都不化妆吗?"

面对这样的询问,女员工无言以对。

第二节　皮肤的性质及面部结构

进行科学的仪容修饰,我们首先要了解自己皮肤的性质以及面部的结构。

一、皮肤的性质

皮肤的性质是弱酸性。上初中三年级时,我们掌握了pH值的知识,它是用来表示物质的酸碱性的。当pH>7时,表示物质为碱性。当pH<7时表示物质为酸性。当pH=7时表示物质为中性。人的皮肤是弱酸性的,其pH值为5~7。

所以,在洁面时,如果选择碱性较强的香皂,虽然清洁效果显著,但会对皮肤有一定的刺激作用,而选择洗面奶会比较好。

二、面部的结构

人的脸型一般分为圆形、心形、方形、长方形、三角形等。而较为理想的脸型是椭圆形。不同的脸型要采用不同的化妆方法,才能最大限度地发挥化妆的作用。

人的五官有一个标准的比例,叫作"三庭五眼"比例。

1.三庭

三庭是指将前额发际线开始至下颌底部的距离分成三等分,第一等分从发际线至眉毛,第二等分从眉毛至鼻底,第三等分从鼻底至下颌,这三等分叫作三庭。

2.五眼

五眼是指两耳之间的距离,为五只眼睛的长度。两只眼睛分别为一个单位,两眼之间为一个单位,两眼外侧分别为一个单位,这总共是五个眼的长度。

3. 三庭五眼

脸的长度与脸的宽度的标准比例是"三庭五眼"（图3-1）。如果不符合这种比例，就会与标准的脸型产生距离。比如：从眉毛至鼻底的距离大于或小于其他两庭，就会显得脸较长或脸较短。比如：两眼之间的距离宽于一只眼的宽度时，就会显得面部松散，神情呆滞。但是，我们可以通过化妆手段来弥补。

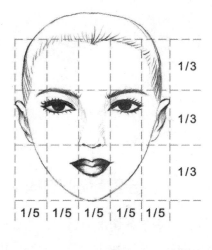

◎图3-1

比如：圆脸型的人，面部给人比较平静、和气，缺少俏丽的感觉。

在化妆时，可以将亮色涂于额骨的额节结、颧骨的颧节结和下颌部位，这样做能够使这些部位显得比较突出。还可以使鼻梁的亮色晕染得比较细长。上长至额骨，下延长至鼻尖等。

比如：正三角形脸。在化妆时，要将阴影色涂于下颌骨突出部位，这样做能使面孔的下部宽度收敛。还可以将亮色涂于两额角的下颌部位，使额角展宽。用于鼻梁两侧的阴影色面积要窄，亮色在鼻梁上晕染得要宽一些等。

而比较符合"三庭五眼"规律的椭圆形脸，化妆时要侧重于皮肤的美化以及强调自然美。

我们还可以通过发型的合理选择，让自己的脸型趋近于"三庭五眼"规律。

思考题

- -

（1）请检查自己的洁面用品是否碱性比较强。

（2）请确定自己的脸型是否符合"三庭五眼"规律。如果不符合，请选择适宜的化妆或发型进行美化。

第三节　洁容

干净清爽是仪容礼仪的基本要求。要做到干净清爽就要掌握洁容的相关知识及方法。

一、洁容用品的选择

洗脸要使用洗面奶，洗头要使用洗发香波，洗澡使用沐浴液，洗手使用香皂。女士在出门前一般都会化妆，所以，在洗脸前，首先要使用卸妆水。在选择洗浴用品时，还要根据皮肤以及头发的性质选择适宜的用品。

二、洁容方法的选择

在选择适宜的洁容用品后，还要注意选择正确的洁容方法。

1.洗脸的六个步骤

（1）用温水湿润脸部。洗脸用的水其水温非常重要。直接用冷水或用很热的水洗脸都是错误的，正确的方法是用温水，这样既能保证毛孔充分张开，又不会使皮肤的天然保湿油分过分丢失。

（2）使洗面奶充分起沫。无论使用什么样的洗面奶，用量都不宜过多，一般有一枚硬币面积大小的量即可。在向脸上涂抹洗面奶之前，一定要先把洗面奶在手心充分打起泡沫，这是最重要的一步。因为，如果洗面奶不充分起沫，不但达不到清洁效果，还会使其残留在毛孔内引起皮肤过敏（图3-2）。

◎图3-2

（3）轻轻按摩。将泡沫涂在脸上以后要轻轻打圈按摩，按摩时不要太用力，这样做可以避免产生皱纹。一般按摩15次左右为宜，要让泡沫遍及整个面部。

（4）清洗洗面奶。完成按摩

后，就可以进行清洗了，清洗要做到干净彻底（图
3-3）。

（5）检查发际。清洗完毕，还要照一照镜子，检
查发际周围是否有残留的洗面奶，我们经常会忽略这
一步。

护肤方法视频

（6）冷水撩洗。最后，用双手捧起冷水撩洗面部
20次左右，之后，用蘸了凉水的毛巾轻敷脸部。这样
做可以使毛孔收紧，同时促进面部血液循环。

按照以上程序洗完脸，再照照镜子，
我们会发现自己的脸部皮肤光洁白嫩了
许多。

六步洗脸的方法有很多功效，比如防
皱、美白等，但需要长期坚持才有效果。

2.洗头的五个步骤

（1）梳头。在洗头之前，一定要把头
发梳开，从发梢开始逐渐梳至发根，直到
头发完全不打结为止。

（2）按摩头皮。将洗发水倒入手心，
用双手搓出泡沫后放在头发上，用手指的
指腹轻柔按摩头皮，这样做头皮才会洗得
干净。注意不要用指甲抓挠头皮，洗发的
水温应该为40度左右。

◎图3-3

（3）重复清洗。按摩完头皮之后再洗头发，一边轻轻地揉，一边用手
指顺着头发向下捋，直至将头发捋顺，将泡沫冲洗干净后，再用洗发水清
洗一次头发。

（4）使用护发素。洗完头后，可以使用油膏或护发素，护发素的主
要作用是为发丝提供滋养。使用护发素也需要按摩过程，但是，这与洗头
时的按摩方法不同，只需要用手指将头发梳理顺畅即可。最后用水冲洗干
净。护发素在头发上停留的时间不要太长，否则会损害头发。

（5）擦头发。最好使用纯棉毛巾把头发吸干，千万不要用力揉搓头发。
如果习惯使用吹风机，要使吹风机与头发保持10~15厘米的距离，还要注意
温度不要太高。一般来说，将头皮吹干即可，让头发自然干透会比较好。

三、指甲与体毛的修剪

1. 指甲的修剪

在公务场合，工作人员指甲的长度是当将手心朝向自己的面部，每个手指的指尖分别与视线平行时，看不到自己的指甲为标准。

剪完指甲应该用小锉刀将指甲的边角磨光修好。同时，还要用专用的小剔刀将指甲周围的肉刺剔除干净。

2. 体毛的修剪

男士在公务场合不要留胡须，耳毛、鼻毛、胸毛不要外露。所以，男士要做到每日修面剃须。对于新陈代谢比较旺盛、胡须长得比较快的男士，必要时要一日多次剃须。

女士在公务场合不要露出腋毛。特别是在夏季穿短袖上衣时要引起注意。如果手和腿上有比较重的体毛，也要经常剃除或褪毛，不可让其外露。

思考题

- -

（1）请尝试洗脸、洗头的正确方法，并分享这种方法带来的效果。

（2）请检查自己的指甲长度是否标准，并修剪。

（3）请检查自己洁容用品选择的是否恰当，并改进。

第四节　化妆

在国际商务活动中，凡是参加活动，包括上班在内，女士都是要化妆的。不化妆参加活动都被视为是缺乏修养的表现。目前，这种商务场合对化妆的认识也得到了公务人员的认同和重视。的确，女士适度化妆，能为营造良好的交流与沟通氛围提供条件。

一、化妆的五个原则

公务场合要画生活简易妆，生活简易妆的画法要突出以下五个原则：

1. 淡雅的原则

淡雅，就是要轻描淡画。比如：不要涂厚厚的脂粉，这样会给人假面具的感觉。比如：不要使用香气很浓的香水或化妆品，这样做容易让人感到很刺鼻。还比如：不要画很重的眼线，这样做会让人感到很不自然。总的来说，当我们面对他人时，让对方感到我们只是用了口红，看不到其他修饰的痕迹为好。这样做能体现自然大方、朴实无华的效果。

2. 简洁的原则

简洁，就是化繁为简。画淡妆的含义，从化妆的内容来讲是指以下三个方面：

（1）如果面部皮肤比较粗糙，脸色不太健康或是有瑕疵，就需要用粉底调一调肤色，遮盖一下瑕疵，使皮肤看上去较为细腻、润泽、健康。

（2）对眉毛进行修饰。如果眉毛比较稀疏，要用眉笔描一描。如果眉毛有残缺，要用眉笔补一补。

（3）画唇线，涂口红。

3. 庄重的原则

我们发现，每年都有化妆的不同时尚。但时尚的东西未必适合任何人、任何场合，我们要谨慎地选择化妆的时尚。如果盲目追求，既不考虑自己的身份，又不考虑周围的环境，就容易给人留下过于重视自己的外表的印象，还可能给人留下较为轻浮的感觉。

4. 避短的原则

生活简易妆要回避扬长，提倡避短。不要过分地夸张和突出自己面部比较自信的部位，要适当地展现自己的优点。避短就是对自己面部不太理想的部位，通过化妆的方法来弥补，达到美好、自然、和谐的效果。

5. 适度的原则

要根据自己的工作性质和出席的场合来决定画什么样的妆容。

二、化妆的基本步骤

化妆的基本步骤有以下十一个：

1. 使用化妆水和护肤品

在化妆前要用棉球蘸取化妆水涂抹在面部，并轻轻地拍打使其被很好地吸收。化妆水能使毛孔收缩，还能调整皮肤的pH值，使皮肤比较柔软。之后再涂上护肤霜。

2. 打粉底

粉底可以起到调整皮肤色泽的作用，还可以起到遮盖毛孔与瑕疵，达到使皮肤细腻、亮丽、颜色均匀的作用。

◎图3-4

选择时粉底要考虑自己的肤色，东方人推崇比较白的皮肤，有"一白遮百丑"的说法。

但是，如果皮肤颜色比较深，在使用了白色粉底时会产生"挂霜"的感觉。正确的做法是选择比自己皮肤底色略浅的粉底。

使用粉底时，要用棉签蘸取粉底，在额头、下颏、脸的中部及两侧分别均匀涂抹五点，再用粉扑轻轻由上到下将其涂抹均匀（图3-4）。粉底不要涂得太厚，要尽量薄一些。

3. 画鼻侧影

鼻梁高低是面部是否生动的主要原因。可以选择棕色阴影粉条，从鼻根两侧向下、向外涂抹，使其逐渐变淡。如果在鼻根的内眼角处稍微加一些深色阴影，看上去会有凹陷的感觉。还要注意鼻影要与粉底的颜色融合。

用深棕色阴影粉条在面部轮廓上加阴影色，使腮部形成阴影，会使面部轮廓更加突出。

4. 定妆

将干粉直接扑在粉底上可以起到定妆的作用。干粉既能吸收汗液、避免脱妆，还有增白、和缓粉底过于光亮及便于进一步化妆等作用。

使用干粉时，用粉扑蘸取少量干粉，轻轻地由下向上扑，之后用刷子将浮粉扫掉。

5. 涂眼影

涂眼影可以增加眼睛的魅力。眼影的颜色有亮色、装饰色、阴影色等，在选择时要考虑与肤色的协调，还要考虑脸型的特点和服装的颜色等。

使用眼影时，要用海绵棒蘸上眼影粉，在眼睑处轻轻晕开。眼睑处可以使用深色眼影，眼睑内角可以涂一些稍暖的眼影，外眼角处用最深的颜色，这样做会使眼窝从明到暗、从暖到冷比较自然地过渡，并产生立体感和灵活感。

6. 画眼线

画眼线可以使眼睑边沿比较清晰，增加眼睛的亮度和光彩。

画眼线的方法是，由靠近鼻子的一侧开始画起，紧贴眼皮边缘先画上眼睑，下眼睑不要画满，要留出距内眼角处的1/3宽度（图3-5）。

7. 画眉

在画眉前要先修眉。首先用眉钳将散眉拔去，将过长或下垂的眉毛剪至适宜的长度。眉梢在剪后要短一些，眉头在剪后要长一些。

◎图3-5

要设计眉型。眉头要与内眼角垂直，眉峰要在眉头至眉梢的2/3处，眉尾要在鼻翼与外眼角的延长线上。

画眉时要按照眉毛生长的方向一根根地画。如果用一条粗细相同的线从头画到尾，就会失去自然感。

眉笔的颜色要与头发的颜色相近。可以根据自己的头发颜色选择棕色、灰色或黑棕色眉笔。还要考虑眉毛不要画得比眼睛颜色还要深。

8. 扫胭脂

胭脂的颜色要根据皮肤、脸型以及粉底的颜色来选择。

涂胭脂的位置，是在微笑时脸颊上隆起处。这是涂胭脂的中心点，涂好后晕开即可（图3-6）。

9. 画唇

唇线分明、唇部肌肉丰满、嘴角略向上翘是比较理想的唇形。

画唇的方法是首先用唇线笔勾出理想的唇线。再用唇刷沾好唇膏，由上嘴唇的两侧开始，逐渐向唇的中间涂抹，之后再用同样的方法涂下唇。

10. 涂睫毛膏

涂睫毛膏时，要先用睫毛夹子将睫毛夹得翘起来，这样便于涂睫毛膏后，保持睫毛向上弯曲的形状。涂睫毛膏时，手一定要稳，要一次一次地涂。每一次涂睫毛膏要尽量的少，一次涂好后，要等到干后再涂第二次。全部完成后，要用睫毛刷将睫毛朝上向外刷，使睫毛不会粘连在一起。

◎图3-6

◎图3-7

11. 检查妆面及补妆

全部化妆完成后，要做全面检查。面部化妆要整体协调，要考虑到发型和服饰是否搭配得当，是否与服装的色彩和谐，是否与耳朵、手及身体的其他部位形成浑然一体的效果（图3-7）。

三、生活简易妆的画法

生活简易妆是经常画的妆，它注重容貌的自然，化妆后给人以明快清新的感觉。生活简易妆是适合上班场合的妆容。

化妆方法视频

生活简易妆的化妆步骤如下：

（1）拍化妆水，涂营养霜。

（2）拔掉多余的眉毛，画眉。

（3）上粉底（如果皮肤健康、细腻，可以不使用粉底）。

（4）涂口红（按唇本身的形状涂口红，颜色避免过红、过艳）。

（5）涂胭脂。

四、男士化妆

男士在必要时也可以化妆。比如：当眉毛有残缺时，可以用眉笔补一补。比如：在参加晚宴时，可以淡淡地涂一层唇彩。

男士在化妆时要切记，化妆要淡雅、自然，最好不要有化妆的痕迹。

思考题

（1）为什么要倡导"女士参加社会活动要化妆"？

（2）女士补妆需要在什么场合进行？为什么？

（3）男士应该有化妆的意识吗？男士怎样化妆呢？

第五节　香水简介

任何人都有自己的体味，这种体味会因每个人新陈代谢功能的强弱、饮食习惯等的不同而各不相同。不良的体味有时在很大程度上影响着人与人之间的交往。

据说，法国的路易十四国王是一个不爱洗澡的人。但是，他又酷爱跳舞，为了避免自己的体味影响舞伴的心情，他发明了香水。这就说明，香水是为了改变或掩饰人的体味而诞生的。

香水在现代社会成为一种人际交往中的随身必备品。在适当的时间，通过恰当的方法，使用适宜的香水是一个人具备良好修养的表现。

一、香水的成分

香水，根据物质的结构和香气散发的时间分为香精、香水、淡香水和古龙水。

香水是由蒸馏水、酒精以及香精组成。其中酒精的含量为75%~80%，蒸馏水的含量最多为18%，其他为香精的含量。

香料含量是区分不同香水的主要标准。香精中所含香料的浓度为15%~25%，香味的持续时间比较长，一般为5~7个小时。香水中所含香料的浓度为10%~15%，香味持续的时间一般为3~4个小时。淡香水中所含香精的浓度为5%~10%，香味持续的时间一般为1~3个小时。古龙水中所含香精的浓度为2%~5%，香味的持续时间仅为1小时左右。

每一款香水的香料都是由不同种类的香料混合而成的。

香水有不同的香型。烟草香型、皮革香型、麝香型和木香型以及古龙水比较适合男士选择，而花香型、果香型的香水则适合女士选择。

二、香水不同时段的味道

香水在不同的时段有不同的味道，根据时间可以分为三种味道：

（1）在香水喷洒后的30分钟内，所散发出的味道叫香水的头香或叫前味段，这段时间香水的味道浓烈，具有较强的刺激性。

（2）在香水喷洒的30分钟以后，香水的味道变得比较柔和，所散发出的味道叫香水的香体或中味段，香体部分是香水大师们希望的香水本味。

（3）一般情况下，在香水喷洒的4小时以后，进入香水的后味部分，所散发出的味道叫香水的尾香、残香或底香。此时，香水的本味开始消失。越是好的香水，尾香部分持续的时间就越长。

公务场合在使用香水时，一般要提前30分钟涂抹，以避免香水头香的刺激性香味影响他人的心情。另外，在公务场合涂抹淡香水会比较好。

三、香水的使用方法

香水的使用有两种基本方法，一种是喷洒法，另一种是涂抹法。

在使用涂抹法时，一般要将香水涂抹在耳后、脖颈、手腕等部位。这样做能够使香水通过脉搏的微热持续地散发出去。还可以将香水涂抹于脚踝部位，这样做可以让香水的味道更加自然。

在使用喷洒法时，要将香水喷在衣服内衬、裙摆里侧、裤口内侧等处。这样做，可以防止香水挥发得太快，还可以使香水的飘散更自然、迷人。

我们可以选择三点法来使用香水。

（1）将香水喷洒于左、右手腕脉搏处（图3-8）。

（2）用手指蘸取腕部喷洒的香水，涂抹于耳后和后颈部（图3-9）。

◎图3-8

◎图3-9

四、香水的品牌

目前，比较知名的香水有古奇、香奈尔、伊丽莎白·雅顿、伊丽莎白·泰勒、CD、纪凡希、雨果、雅诗兰黛、范思哲、鳄鱼、兰蔻等。这些品牌的香水基本都有男用和女用两种。

在日常生活和工作中，要养成使用香水的好习惯。在选择香水时，要考虑自己的身份、出席的场合等因素。

思考题

- -

（1）为什么要养成使用香水的习惯？

（2）香水的使用方法是什么？

（3）为什么香水在喷洒30分钟左右时味道最好？

第六节　发型的选择与头发的保养

在这一节中，我们将共同分享公务场合的发型选择、头发的种类与发型选择的关系、脸型与发型的关系以及保养头发的方法等内容。

一、公务场合的发型选择

发型选择同面部化妆一样，要考虑场合，还要考虑自身特点。公务场合的发型选择要把握庄重严肃、端庄大方的原则。

1. 男士发型的选择

长度标准。要做到前发不要过双眼，侧面的头发不要过上耳轮，后边的头发不要过衣领（图3-10），更不要剃光头。另外，恰当的鬓角修饰可以使男士显得更加精神，鬓角一般不要低于耳朵的中部。

风格要求。男士发型的选择不要过分时髦，更不要标新立异。

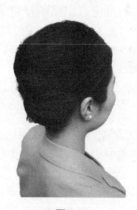

◎图3-10　　　　　　　　　　◎图3-11

2. 女士发型的选择

长度标准。要做到前发不要过双眼，后边的头发不要过两肩。如果是长发，在公务场合要扎成马尾辫或选择盘发、包发等（图3-11）。

风格要求。要体现庄重、传统的整体风范，对流行发型的尝试要谨慎。

除此之外，发型选择还要考虑与脸型、体型、年龄和谐以及与个人气质相适应，并易于梳理等。

二、根据脸型选择发型

下面是七种不同的脸型所对应的发型选择（图3-12）。

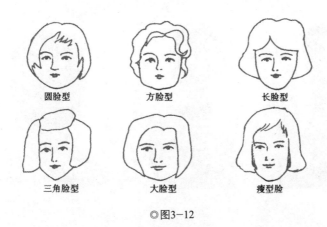

圆脸型　　　　方脸型　　　　长脸型

三角脸型　　　　大脸型　　　　瘦型脸

◎图3-12

（1）圆脸型。圆脸的人可以选择比较松的发型掩饰过圆的额角，还可以用长发来掩饰脸颊的宽圆感。

（2）方脸型。方脸的人可以用刘海来掩饰前额，或采用留长发来衬托面部，以使脸型显得比较柔和。

（3）长脸型。长脸的人要使两侧的头发尽量蓬松，头顶部的头发尽量压实，头发的长度不要超过肩膀，这样做可以使脸变得宽一些。

（4）三角脸型。三角脸比较适宜选择八字式或露额式发型，这样就会将宽大的腮颊部分掩饰起来。

（5）大脸型。大脸型的人选择将头发松垂在脸上，用头发遮住脸颊和前额的发型比较好，这样做会使脸显得纤巧一些。

（6）瘦型脸。瘦型脸的人可以将头发向外梳，使侧发尽量蓬松起来。

（7）瓜子脸。这是一种比较理想的脸型，可以选择各种发型。

三、发髻和包发的梳理

发髻和包发给人带来文静高雅、神清气爽的美感。尤其对身高不太理想的女士，还可以用发髻或包发来使自己的身材显得比较挺拔。

1. 发髻的梳理

将头发梳理整齐，用皮筋在后脑适宜的高度束好并拧成股，之后缠绕在头发根处，并将发梢掩在发髻里面，最后用黑色或棕色发夹在四周固定（图3-13）。

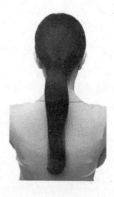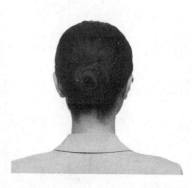

◎图3-13

还可以将头发编成发辫，缠绕在头发根部，最后用发夹固定。这种发髻既端庄又不失活泼的韵味。

2. 包发的梳理

将头发梳理到脑后，用左手拢住头发，右手将头发以顺时针方向向内翻转，最后用发夹固定（图3-14）。

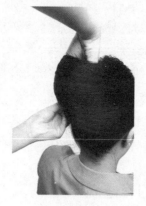

◎图3-14

四、头发的性质及保养

1. 头发的性质

头发由表皮、皮质和髓质组成，头发的主要成分是角蛋白和蛋白质。

一个人的头发一般有十几万根左右，一根头发的寿命在几个月到几年之间不等，而每根头发的生命过程分生长期、休眠期和掉落期三个阶段。每人每天正常情况下要掉四五十根头发，头发掉后还回重新长出。头发的颜色有黑发、棕发、黄发、红发等。随着年龄的增长，头发失去了制造色素的功能，会逐渐变白。

2. 头发的保养

一头秀发不但使人增色，还是身体健康的标志。那么，怎样保养头发呢?

（1）勤梳理。勤梳理可以促进头皮的血液循环，有利于促进新陈代谢。在梳理头发时，不要使用塑料或尼龙等原料制作的梳子，以免产生静电。梳理要选择从前向后的方向，梳理时要用力轻柔均匀。

（2）巧选择。洗发时要选择适合自己发质的香波。

（3）少暴晒。夏季在户外活动时，要戴帽子或选择遮阳伞，以防止紫外线伤害头发。

（4）少烫发。不论选择什么性质的烫发方法，都会对头发有一定的伤害。要少烫发，一般每年不要超过三次。

（5）少吹风。争取让头发自然干透，尽量少吹风。

（6）多按摩。伸出食指，由前额一直到后脑，再由两鬓向头顶按摩。这样做可以促进血液循环，供给头发营养。

（7）好心情。一些心情非常不好的人，会有突然掉发的现象发生。所以，好心情是好发质的保障，要心胸开阔，生活要有节制。

（8）多营养。要多摄入对头发提供营养的食物。例如：鸡蛋、猪肝、绿色蔬菜、番茄、菠菜、胡萝卜、木耳、花生、大豆、芝麻等。

思考题

- -

（1）请根据公务场合的性质及自己的脸型特征，选择适宜的发型。

（2）您有哪些护理头发的好方法，请与大家进行分享。

（3）根据自己的体貌特征填写下列表格。

场合	发型	着装		
		款式	色彩	图案
上班				
音乐会				
逛街				

CHAPTER 4

第四章
仪态礼仪

仪态是指在人际交往中，身体各部位所呈现出的姿态。比如：面部表情、站立姿态、行走姿态、手势姿态等。

第一节　分享达·芬奇的教导

莱昂纳多·达·芬奇，是意大利文艺复兴时期的三杰之一，也是整个欧洲文艺复兴时期最杰出的代表。他热心于艺术创作和理论研究，研究如何用线条与立体造型去表现形体的各种问题。他对于仪态的理解是："从仪态来了解人的内心世界，把握人的本来面目，往往有相当的准确性与可靠性。"

在公务交往中，当发现交往对象将双腿伸出去太远时，我们会马上意识到，对方内心的想法是"真没有意思"。在马路上出现车祸时，我们会发现多数围观的人，其姿态是将双臂抱在胸前，他们内心的想法是"此事与我无关"。在交往过程中，如果腿部抖动，对方反映出的是不耐烦情绪。

在公务交往中，身体姿态永远伴随着我们的工作过程。

当我们微笑时，交往对象给我们的定义不单单是一张面孔，而是我们很热情、很友好。当我们身体略前倾地与对方交流时，交往对象给我们的定义也不单纯是身体的角度，而是我们很和善、很谦恭。

正如达·芬奇所说，任何体态都是我们内心世界的表达。

据统计，人与人的交流中，只有35%的信息是由语言传递的，其他65%则是来自于非语言信息。相对于听到的语言，我们更相信无声的非语言信息。因为，非语言信息多数是在相对无意识状态下显示出来的，大多都是人的实际心态的体现，虚假成分较少。所以，非语言信息增强了交流的真实性。

1954年的第一次日内瓦会议期间，周恩来总理和美国国务卿杜勒斯的见面中，当周恩来总理以西方最普遍的表示问候与迎接的礼仪，首先伸手以表示中国政府对美国政府的善意时，杜勒斯没有读懂或许是不想读懂中国政府所表达的含义。他选择了侧身避开周恩来总理的手的行为，致使中美关系骤然变冷了很多。

时间到了1972年2月21日，中美关系史上一个重要的历史时刻即将到来。

接近中午时分，在北京机场的停机坪上，已经年逾古稀的周恩来总理率领党、政、军领导人站在瑟瑟的寒风中，等待着美国总统尼克松的到访。

鉴于中美两国还没有建立正式的外交关系，周恩来刻意安排的机场欢迎仪式是比较低调的，甚至可以说是冷淡的。既没有准备为尼克松铺红地毯，鸣礼炮，也没有请外交使团，没有群众欢迎场面。偌大的机场显得冷冷清清的，只有并排悬挂在机场上空的中美两国国旗在寒风中飘扬。

在巨大的轰鸣声中，尼克松乘坐的专机缓缓地降落在机场的停机坪上。

为了凸显中美两国政府首脑第一次握手这一历史性的时刻，美国方面刻意安排尼克松的随行人员暂缓下飞机。

率先走出机舱的尼克松似乎有点按捺不住急切的心情，他三步并作两步，还没等完全走下舷梯就伸出了手，急切地走向周恩来总理。

他紧紧握住周恩来那只带着伤残、永远只能端起来的右手久久没有松开，弥补了美国外交历史上的遗憾（图4-1）。

尼克松在回忆录中这样描述："周恩来站在寒风中的舷梯前，他没有戴帽子，厚厚的大衣掩盖不住他的瘦弱。我们下梯走到快一半时，他开始鼓掌。我略停了一下，也按中国的习惯鼓掌相报。我知道，1954年在日内瓦会议时，福斯特·杜勒斯拒绝同他握手，使他深受侮辱。因此，我走完梯级时决心伸出我的手向他走去。当我们的手相握时，一个时代结束了，另一个时代开始了。"

周恩来总理也将这次历史性的握手，对尼克松进行了寓意深长的描述："你的手伸过世界最辽阔的海洋来和我握手——二十五年没有交往了啊！"

◎图4-1

所以，在人与人交往的过程中，首先，我们要懂得并认真遵守仪态礼仪规范，给他人带来尊重、受关注的感觉，以保障交往的质量和成功。人与人之间如此，国与国之间也是如此。其次，我们不但要做到懂得仪态礼仪规范，还要在公务交往中读懂他人的肢体语言。以肢体语言暴露思想，却又用肢体语言掩盖真实思想的例子有很多。《三国演义》的"青梅煮酒论英雄"中讲道：

　　一天，刘备正在菜园里浇水。许褚、张辽带了数十人来到菜园对刘备说："丞相有命，请使君便行。"

　　刘备吃惊地问："有什么事？"

　　许褚说："不清楚。"

　　刘备只得随二人入府见曹操。

　　来到曹府，曹操问刘备："你在家做大事啊。"

　　曹操的问候把刘备吓得面如土色。

　　曹操接着说："刚才看见树枝上青青的梅子，忽然想起去年征讨张绣时，因为缺水，将士们都口渴得很。我心生一计说：'前面有梅林。'大家听我这样说，嘴里都生出唾液，才不渴了。现在看见这梅子，觉得不可不赏。又当酒正煮熟，所以邀请使君来小亭一会。"

　　之后，刘备随曹操来到小亭，他看到亭中已经备好杯盘，盘里放着青梅和一樽煮酒。

　　二人对坐，开怀畅饮。酒至半酣，忽然乌云滚滚，雷雨将至。

　　曹操说道："使君知道龙的变化吗？"

　　刘备回答道："愿闻其详。"

　　曹操说："龙能大能小，能升能隐。大则兴云吐雾，小则隐介藏形。升则飞腾于宇宙之间，隐则潜伏于波涛之内。方今春深，龙乘时变化，犹人得志而纵横四海。龙之为物，可比世之英雄。玄德经常在外游历，一定知道当世的英雄。请说说看。"

　　刘备回答道："备得到陛下的恩宠和庇护，得以在朝为官。天下的英雄，实在是没有见到过啊。"

　　曹操说道："即使没有见到过，那也听过他们的名声吧。"

　　刘备说出了几个自己认为是英雄的人，但都被曹操摇头否认了。

　　曹操又说道："能称为英雄的人，应该是胸怀大志，腹有良谋，有包藏宇宙之机，吞吐天地之志的人。"

　　刘备问道："那谁能被称为英雄呢？"

　　曹操用手指一指刘备，然后又指一指自己说道："天下英雄，唯使君与曹耳。"

刘备听到这句话非常震惊，吓得连手里的筷子都掉到了地上（图4-2）。

曹操用疑惑的目光看着刘备。

这时，雷声大作，暴雨倾盆而下。

刘备定一定神，很镇静地弯腰拾起筷子，并解释道："雷声太大了，吓得我将筷子掉到了地上。"

◎图4-2

另外，在涉外交往的过程中，由于社会、经济及宗教信仰等的不同，肢体语言所表达的意思存在着差异。

比如：美国人在与他人交流时，习惯对方看着自己的眼睛。不然，他们就会认为对方不重视自己。相反，在与日本人交流时，如果也这样做就会被认为是冒犯。

再比如：伸出拇指在许多国家是表示夸赞。但是，在伊朗等国家则表示侮辱对方。

思考题

（1）请举例说明肢体动作所表达的内在思想。

（2）请举例说明仪态与公务员形象的关系。

第二节 表情的礼仪

公务仪态中很重要的一个内容是表情。表情可以说明我们的自信心、对他人的态度以及人生追求等。

2008年，在北京举行的第29届奥运会上，志愿者们的微笑成了中国的名片，他们的微笑恰到好处地展示了中国的国富民强。

在国家机关的办公大厅里，民众喜欢面带笑容的公务员，面带微笑的公务员在获得民众喜欢的同时，还收获了工作的质量（图4-3）。

一、微笑的益处

"笑一笑，十年少。"这句民间俗语道出了微笑对人的益处，我们可以从以下几方面理解微笑的益处：

◎图4-3

1. 微笑有助于身心健康

笑口常开的人，往往会给自己一种良好的心理暗示，产生积极的情绪，使自己活得很开心。笑口常开的人，是一个乐于接近他人的人，会有良好的人际关系，会促进个人身心健康。一位103岁的老者讲起他的长寿之道时说："我很少有烦恼，周围的人都说我'老是乐呵呵的'。"

所以，微笑是有助于身心健康的灵丹妙药，微笑是建立良好人际关系的润滑剂。

2. 微笑可以调节情绪

以微笑面对他人，既可以创造出一种融洽的交往氛围，又可以感染他人，给他人带来好心情，达到互相认同、相互合作的目的。

一位到某公共服务大厅办理业务的男士，在听到办公人员指出其所带材料不齐全，无法办理业务时非常气愤，不但吵闹，而且还讲了很多不中听的话。

办公人员本着理解对方的原则，一边笑着一边讲道："您看，您取号排了队，到了您又因为材料不齐全，还得回家取。如果是我遇到这样的事情也会不愉快。我非常理解您的心情。"

"你理解我有什么用啊，不还是办不了吗？"男士的态度缓和了些。

工作人员继续笑着说："我明白您的意思，其实，之所以要出示这些材料，是为了您的安全……"

工作人员的话还没有说完，男士就马上问道："什么？是为了我的安全，这是为什么呢？"

工作人员继续笑着认真地进行解答，男士听到工作人员的解答后说道："真是对不起了，我刚才的态度太差了，您别介意。"

作为公务员，我们会面对不同的群众，不同的社会人士，用微笑来面对他们，会带来交往的主动。

3. 微笑可以消除矛盾

中国早就有"举手不打笑脸人"的处世哲学。

教育学家卡耐基这样夸中国人："中国的先辈们很会做生意，他们什么时候都是一边点着头，一边微笑着。"

我们敬仰的周恩来总理得体的微笑，在他远离我们的今天，还深深地印在我们的心中。

微笑，是一种事业上的相互推动；

微笑，是一种人间真情的交融；

微笑，是我们在紧张的工作中放松心情的良好方法。

二、笑容的标准及自我训练

日本的空中小姐和电话接线人员，在上岗前都要进行严格的微笑训练。随着我国经济的快速发展，随着国际间交往的深入，很多企事业单位也已经将微笑提到议事日程，国家机关更是如此。

笑有许多种，我们可以将其分为微笑、大笑、欢笑、苦笑、奸笑、嘲笑等。

我们要严格把握微笑的要领，以避免出现含有消极效果的笑容，或是没有分寸的笑容。我们可以参考以下自我训练方法：

（1）站在一面镜子面前，全身放松，将头摆正。回想自己生活中遇到的愉快的事情，把愉快的心情通过面部表现出来。

具体的做法是：面部肌肉放松，不出声，不露齿或微露齿，嘴角微微上翘。要通过自我观察，找到自己认为笑得最灿烂时的感觉，并将这种感觉记在心里。

（2）可以面对镜子，口中发出"一"的声音，这时两颊的肌肉会自觉向上抬起，嘴角也会向上翘起，我们就得到了微笑的表情。要注意用这种方法进行自我训练，关键是要自然，要发自内心，要无做作的感觉。

除此之外，还可以口中发出"cheese"的声音，同样可以得到上述训练效果。

在进行上述训练时，最容易忽略的问题是眼睛与表情的不和谐。要学会用眼睛来笑，建议大家进行系列训练，用一本书遮住眼睛下面的部位，回忆使自己愉快的事情，将愉快的心情通过眼睛表现出来（图4-4）。这时，我们会在镜子中看到自己的笑肌抬升收缩，双眼随之呈现出笑意，直至面部肌肉放松后，目光还会是温和的。

◎图4-4

这种自我训练要经常进行，以使自己能很自信地、恰如其分地把握好微笑。

很多人认为，微笑是以露出多少颗牙齿为标准。其实，人与人之间存在着脸型大小不同、嘴巴大小有别等因素。这就造成了在统一的标准下，有的人笑容会很美，有的人可能就不美。比如：在我国，南方人的脸型和嘴巴都普遍偏小，他们露出八颗牙齿的笑容不一定适宜，但对北方人也许是适宜的。

那么，微笑的度到底是什么？

我们建议大家，面对镜子找到自己笑得最美的表情，并将这种感觉记在心里。

微笑操视频

三、公务员的目光

在2004年的奥运会上，中国健儿取得了优异的战绩。赛后，射击冠军陶璐娜讲道："教练许海峰在比赛前告诉我，'在心里没底时，你就回头看着我'。"陶璐娜成功了，她的成功是勤奋刻苦的结果，也是赛场上许教练坚毅而自信的眼神给予她鼓励的结果。

早晨上班时，用愉快的目光凝视自己的同事，主动地问候一声："早上好！"彼此都会有良好的心情。

以上这些都告诉我们，眼神是一种无声的语言。"眼睛是心灵的窗户。"眼睛可以表露出人的内心情感、对事物的反应、心理素质以及人生态度等。在人际交往中，我们要有意识地用眼神交流，用眼神正确表达内心情感。

正确使用眼神要注意以下四个方面：

1. 目光的凝视区域

凝视他人身体的不同位置，会给对方带来不同的情绪体验。在人际交往中，目光的凝视区域，根据交往对象的不同，一般有以下三种情况：

（1）社交凝视区域。社交凝视区域是指以两眼为上线，唇心为顶点所形成的倒三角区。这是适宜于社交场合的凝视区域，在相互交往中凝视这一区域，会营造一种平等宽松的交往氛围。这种凝视适宜于和群众、同事等的交流。

（2）亲密凝视区域。亲密凝视区域是指由胸部到双眼之间的身体区域，这种凝视区域适宜于亲人之间、恋人之间的交流。在与他人关系比较生疏的情况下，选择这种凝视区域将会被视为无礼或不怀好意。

（3）公务凝视区域。公务凝视区域是指以双眼为底线，顶角到前额所形成的三角部分。这种凝视适宜于洽谈业务或谈判等。这是给人带来严肃认真、很有诚意的印象的凝视过程，还会产生把握谈判主动权和控制权的效果。

2. 目光的凝视角度

在注视交往对象时，注视的角度很重要，如果把握不好，就容易引起误会。凝视的角度有仰视、正视、平视及俯视四种：

（1）仰视。仰视对方表示景仰与尊重他人。当站在低处看高处的人时，一般会出现仰视现象。在典礼或表彰大会上，经常安排上级领导以及获奖者来到主席台，这种做法使来到主席台上的人内心愉悦，感到被尊重。

（2）正视。正视是指与交往对象正面相向，头部与上身朝向对方，这是重视对方的一种表现。在与他人进行交谈时，如果面对的不止一个人时，要注意头部与上半身的朝向，要随着讲话者的变换来转动上身，而不要只是将头转过去，更不要斜着眼睛看对方。

（3）平视。平视是指交往的双方站在相似的高度，相互凝视。这种凝视角度可以体现双方地位的平等，体现出人际交往的和谐。所以，在有来宾到来时，或有领导前来问候时，我们要起身迎接，如果此时还端坐在椅子上，容易给对方留下无动于衷、满不在乎的印象。

（4）俯视。俯视是指在高处看着低处的人。俯视容易使对方产生权威感，这是容易形成与他人产生障碍的交流方式。所以，尽量不要站在高处与人交流。

3. 目光的凝视时间

中国人习惯在人际交往中，用整体谈话60%以上的时间凝视对方。但是，又不能总是凝视对方。于是，我们习惯采用"散点柔视"的凝视方法看着对方。

"散点柔视"就是目光既要柔和，还要适当将目光从对方面部短暂移开。移开时，可以看一看自己手中的笔记本，也可以将目光略向左或向右移开片刻。要注意目光移开的时间不要太长，一般以2~3秒为宜，时间过长，对方会以为我们心不在焉、开小差了。

4. 容易产生误会的目光

（1）在交谈中经常左顾右盼。比如：谈话时，如果经常看手腕上的表，就容易让对方觉得我们三心二意，从而伤害对方自尊。在接待来宾时，如果因为有急事处理而需要结束谈话，可以用委婉的语言暗示对方，不要采用这种太直接的方式。

（2）在没有任何理由的情况下，尤其是在异性之间，注视对方的大腿、腹部、胸部、头顶等部位。这种做法是极为失礼的。

（3）斜视或者偷偷注视对方。这样做容易使交往对象有被监视的感觉，自己的形象也会大打折扣。

（4）高高在上俯视对方。这样做会使双方产生距离。在工作中，我们经常会走到来宾面前，上身前倾地与其对话，这种对话方式会给对方带来轻松温暖的感觉。

（5）不敢正视对方或是躲避对方眼神。

（6）对他人上上下下，反复打量。这是一种怀疑、挑衅的目光，会令对方很不舒服。

（7）当他人遇到尴尬的事情时，探询、好奇地凝视。此时，应将目光移开，不然，对方会认为我们在看他的笑话。但是也不要将目光迅速地移开，否则对方会以为我们在讽刺与嘲笑他。

思考题

（1）站在镜子面前进行微笑训练，找到自己最美的笑容。

（2）每天上班前，要在镜子面前找到自己最美的笑容，并将笑容带到工作之中。

第三节　站姿的礼仪

站姿是公务场合的常用仪态。我们要掌握站姿的要领，还要杜绝不规范的站姿。

一、常用站姿

1. 标准站姿

标准站姿的要领包括以下七个方面：

（1）让面部朝向正前方，下颌稍内收，目光平视，颈部挺直，面部肌肉放松。

（2）两肩向后展开，注意不要耸肩，保持放松。

（3）两臂自然下垂，双手中指分别放于裤缝或裙缝处，手指自然弯曲。

（4）收腹。做深呼吸，使腹部肌肉紧张起来。再轻轻将气体呼出，但是腹部肌肉还要保持收紧，不要松懈。

（5）立腰。我们可以通过找到参加体检测量身高时的感觉，来完成立腰的动作。

（6）提臀。由于遗传的原因，多数中国人腰长，臀部有些下垂。我们很羡慕西方人浑圆、上翘的臀部形态。羡慕别人不如从自己做起，我们可以通过自我训练来延缓臀部由于地球引力、衰老、遗传等因素而下坠的趋势，这就是要常常提醒自己"将臀部收紧"。

（7）双腿直立，将双腿膝盖及脚后跟并拢，脚尖打开成"V"字形，打开的角度以能容下自己的一个拳头为宜（图4-5，图4-6）。

◎图4-5　　　　◎图4-6

按照以上要领站好后，从侧面看，头部、肩部、上体与下肢应该在一条垂线上。从正面看，应该是头正、肩平、收腹、身体直立。这样做会给人带来挺拔、稳重、美好的感觉。

要经常检查自己的站姿是否符合上述要领，及时纠正不良的姿态，将良好正确的站姿保持下去。

2. 前搭手式站姿

不论是男士还是女士，都可以将双手相叠后垂放于腹前。具体做法是，女士要将双手四指并拢，右手在外，左手在内，将右手食指放于左手指的指跟处，并将拇指放于手心（图4-7）。 男士要将左手半握拳，右手五指并拢后搭放于左手手背处（图4-8）。

这种前搭手式站姿，能很好地体现公务员谦恭和严谨的形象。我们可以将这种站姿用于会议中的起身发言、接待领导及来访者等场合。

3. 平行式站姿

男士可以将双脚打开，打开的距离不要超过自己肩的宽度。还可以将双手相叠放于体后， 同样是要右手在外，左手在内。这种站姿可以用于公共服务大厅秩序的管理等场合，

◎图4-7　　　　◎图4-8

因这是给他人带来权威感的站姿。所以，在与来访者、同事等进行交流时要杜绝这种站姿。

女士可以将双脚并拢，在与他人近距离交流时，女士还可以将双脚略微打开。

办公时，我们还可以采用上身略前倾的姿态与对方进行交流，这样做能给他人带来积极、亲切的情绪感受。

二、要杜绝的站姿

站姿视频

错误的站姿，不但影响体态美观和身体健康，还会在人际交往中造成消极影响。

比如：将身体的侧面或背面朝向他人，会让对方感到不被重视和遭到冷落，使对方的自尊心受到伤害。又如：站立时，如果腿不停地抖动，这不但使交往对象心烦意乱，还会给他人留下缺乏教养的印象。要杜绝不良的站立习惯，尤其要避免以下七个方面的问题：

1. 双腿分开过大

男士要严格遵守双腿分开的宽度，不要使其超过自己两肩的宽度。女士要严格遵守双腿分开的幅度越小越好的基本要求。把握好这一点，才会使自己的站姿比较适宜。否则，对于男士而言，会给人过于张扬狂妄的感觉。对于女士而言，会给人以不太体面、缺乏自尊的印象。

2. 小动作太多

在与他人交流时，如果手势动作太多，会给人带来眼花缭乱的感觉。日常交往中，腿部不由自主地抖动、上身不停地扭来扭去、左顾右望等，这些小动作是不成熟、心理不太稳定的表现，公务人员要杜绝这些小动作。

3. 手位不恰当

我们看到他人用手挖耳朵、抠鼻子时，会感觉很不舒服。当我们将双臂抱在胸前时，往往给人"此事与己无关"的感觉。将手放在衣服口袋中，又会给他人留下比较懈怠的印象。将手放在脑后，或是用手托着下巴等，这些手部动作都会影响站姿的整体效果。

4. 脚位不恰当

站立时，容易产生的不恰当脚位有：一只脚站在地面，另一只脚放在椅子横梁上，或是脚尖点在地面上等，这些脚位都是很不雅观的。如果在站立时，一种站姿站累了，可以用变换不同脚位的方法来变换身体的重心，这样就能解除疲劳。

5. 弯腰含胸

弯腰含胸是一种身体健康状况不佳的表现，要及时纠正。不然，随着年龄的增长，这种现象会逐渐加重且很难纠正，从而影响外在形象。

6. 肩部歪斜

多数人的双肩都有不一样高的现象。大家可以站在镜子面前自己观察，加以纠正。

7. 随便倚靠他物

站立时将身体倚靠在墙上，交谈时将身体倚靠在桌子、椅子上等，都会给人懒惰、涣散的印象，这都是不可取的站姿。

三、站姿的自我训练

我们可以选择一面洁净的墙壁，将脚后跟、小腿肚、臀部、两肩、后脑靠在墙壁上进行"五点"贴墙法站姿训练（图4-9）。通过这种训练方法，不但能规范自己的站姿，还能纠正不良的站姿习惯。

我们还可以选择双人训练法。做法是两人背靠背，互相将脚后跟、小腿肚、臀部、肩部及后脑靠在一起进行训练。这种训练方法是非常温馨和美好的。

◎图4-9

思考题

（1）请观察其他人的站姿有哪些错误的地方，并思考这些错误会给你带来什么印象。

（2）请进行"五点"贴墙法站姿训练，并经常提醒自己按照规范的站姿站立。

第四节　坐姿的礼仪

公务交往中，正确的坐姿可以给他人带来被关注的感觉，还可以给他人带来轻松的、亲切的情绪体验。

一、常用坐姿

1. 正坐式坐姿

我们可从入座、落座的要领中了解正坐式坐姿。

入座时，要做到轻和稳，女士落座时要将裙子用手背向前拢一拢。男士在入座时要轻轻地提一提裤子。在人多的场合集体入座时，为了避免相互妨碍，要做到左入左出，就是要从椅子的左侧入座离座。

对他人表达恭敬的坐姿是坐满椅子的三分之二，这样坐还能表现出和蔼的、热情的态度。

与他人交谈时，身体略向前倾，能体现出积极与主动交流的意愿。落座后，头部要摆正，双目要平视，下颌要内收，上身要挺直，胸部要挺起，腹部要收紧，表情要放松。

入座后，如果身体前有桌子，男士可以将双手十指交叉后放在桌子上。女士可以将双手叠放于桌子上。要注意的是，将小臂的二分之一放于桌面即可，小臂放于桌面部分过多，会出现趴伏的现象。

落座后，女士要将双腿、双脚并拢，小腿垂直于地面或向前伸出10厘米左右。男士双腿、双脚可以打开，但是，要以双腿分开不超过肩部的宽度为宜（图4-10，图4-11）。

离座时，起身要缓，要无

◎图4-10　　　　　◎图4-11

声响。

2. 双腿交叉式坐姿

女士将双脚脚踝交叉在一起，双腿可以垂直于地面，也可以向前伸出10厘米左右，并将双膝并拢（图4-12）。

男士在选择交叉式坐姿时，可以将双脚略内收，还可以将双膝略打开（图4-13）。

交叉式坐姿，是适合于各种正式场合的坐姿。

3. 双腿开关式坐姿

将自己的一只脚在前，脚掌着地，另一只脚在后，脚后跟略提起。两只脚的脚尖略向外侧打开。男士的双膝可以略打开，女士的双膝要并拢（图4-14）。这种坐姿适合于各种正式场合。

4. 双腿叠放式坐姿

将双腿叠放于一起，男士可以将放于上面的腿略向侧前方伸出。女士要将大腿、小腿叠放在一起（图4-15），男士可以将小腿略分开，脚尖要尽量指向地面。这是一种造型比较优美的坐姿。但是，这种坐姿会给人比较悠闲的感觉。所以，选择这种坐姿时要注意两个问题，一是在正式场合尽量不要选择叠放式坐姿，二是当交往对象没有选择此坐姿时，自己也不要选择。

在分享坐姿的要领时，我们更多地提到了腿部的造型。现在我们来谈一谈双手

◎图4-12

◎图4-13

◎图4-14

◎图4-15

的摆放方法。

（1）将双手放在大腿上。有两种方法可以供我们选择，一是将双手叠放于大腿上，二是将双手分别放在大腿上。

坐姿视频

（2）将双手放在一条大腿上。双手叠好后，放于一条大腿上。在与人进行交谈时，将双手放在离对方距离比较近的腿上会更好。

（3）将双手放在椅子的扶手上。如果椅子有扶手，当选择侧身落座时，可以将双手叠放于一侧的扶手上。正身落座时，可以将双手分别放于两侧的扶手上。

二、坐姿的自我训练

我们可以坐在镜子面前，按照坐姿的要领进行自我训练。要重点检查腿位、脚位、手位的姿态。同时，可以放自己喜欢的音乐，以减轻疲劳。

在进行坐姿训练时，还可以将书本放在自己的头顶上。这样做，能够比较好地强化自己的坐姿要领。另外，还要把训练的成果用于实际工作与生活之中。

三、要杜绝的坐姿

下面是十二种忌讳出现的坐姿，尤其是在正式场合要杜绝这些姿态的出现：

（1）入座时慌慌张张，使得桌椅乱响。落座后还不断整理服饰。

（2）女士双腿叉开，男士双腿叉开过大。

（3）将小腿架在大腿上。

（4）落座后，腿部不停地抖动，使人感到心烦意乱。

（5）当着他人脱鞋脱袜。

（6）脚尖指向他人。

（7）将脚尖翘起来，给人比较幼稚的感觉。

（8）将肘部支于桌面。

（9）将双手夹于两腿之间，给人害羞、没有信心的感觉。

（10）趴在桌上，这是一种很松散的姿态。

（11）双腿伸出太远，这是冒犯他人的行为。

（12）不要将双手抱在腿上，这一姿势不适合正式场合。

思考题

- -

（1）坐在镜子面前，检查自己的坐姿是否正确。

（2）在四种常用坐姿中，你比较喜欢哪一种？请对自己喜欢的坐姿进行训练。

（3）你曾在什么场合选择了双腿叠放式坐姿？通过这一节的学习，你认为自己在哪些场合不应该选择这一坐姿？

第五节　走姿的礼仪

赵本山是一位优秀的演员，他表演的小品，多年来成为春节晚会上最受欢迎的节目。赵本山的语言很有幽默感，他在舞台上的步伐也很有戏剧色彩。他尽力让自己的步伐迈得大一些，让自己的双脚落地轻一些，同时又要保证不让自己摔倒在舞台上，他就是凭这种独特的展示方式，让观众捧腹大笑，给观众带来快乐。

赵本山舞台上颇具戏剧色彩的步伐告诉我们，行走的稳定性与步幅的大小有直接关系。除此之外，行走中的步位、步速及身体的整体协调等也都很重要。

一、行走的基本要领

1. 步幅

行走时，步幅的大小应该是自己一只脚的长度。步幅太小会给人做作的感觉，步幅太大但会显得有失稳重，还会显得不太成熟。步幅要尽量均匀，不要忽大忽小。

2. 步速

行走的速度应该适中，保持在每分钟110步左右，也就是我们熟悉的《运动员进行曲》的节奏。另外，还要做到步速均匀，不要忽快忽慢。

3. 步位

行走时，女士的步位要形成一条直线，男士的步位要形成两条平行线。双脚不要出现"内八字"或"外八字"。

为了行走得美观，要做到让身体的重心自然转移。起步时，身体前倾，身体重心落在前脚掌上，随着身体的不断前进，重心不断发生转移。行走时脚跟首先落地，膝盖在脚落地时要伸直，双臂以肩为轴，前后自然摆动，摆幅在15～30度左右。两眼平视前方，挺胸抬头，步伐轻松矫健，形成优美的动态效果（图4-16，图4-17）。

◎图4-16　　◎图4-17

二、行进的自我训练

（1）步速的训练，可以用进行曲的节拍控制自己的步速，使步速基本达到标准要求。

（2）步幅的训练，可以采取自我度量法，具体做法是：左脚向前迈出一步，之后以右脚的脚尖为轴，将右脚脚跟以顺时针方向转动至左脚脚后跟处，便基本可以度量出步幅是否标准。

（3）双臂摆动训练。身体站直，双臂自然摆动。注意摆动的幅度，双肩不要太僵硬。

（4）行走的步位训练。对于女士，可以选择在地面上画一条直线，或是目侧一段直线距离，使自己行走的每一步都落在这条直线上。男士要走出平行线。

在训练行走的稳定性时，可以将一本书放于头顶。行走时做到头正、颈直、目不斜视、呼吸均匀，争取让书本不掉落。

三、要杜绝的走姿

下面是走姿禁忌，我们在生活和工作中要引起注意：

（1）行走时，尽量不要在人群中穿行。这是一种不礼貌的行为。

（2）要注意行走时的先后顺序，不要争先恐后。还要养成主动让路的习惯。在有来访者或是他人路过时，如果能够主动给他人让路，不但能给其带来方便，还能体现出我们的良好修养（图4-18）。

（3）要选择适当的行进路线，不要只考虑自己方便。比如：在走廊行走时，要靠右侧。行走时要保持一定的行进速度，不然就有可能阻挡他人的道路。

（4）不要不守秩序。行走时，尽量不要超越前边的人。如果需要超越，要说"对不起""借光"等。

（5）不要连蹦带跳。作为公务员，做任何事情都要有"度"的把握，不要喜形于色。

（6）不要跑来跑去。一般情况下，即使遇到急事，也不要奔跑，不然会让周围的人情绪紧张，不知所措。可以选择加快脚步、加大步幅的方式行走。

◎图4-18

（7）不要制造噪声。走路要轻，尤其在工作场所，各种噪声都会干扰工作的正常进行。

思考题

（1）目侧一段直线距离，请女士和男士分别找一找走成直线、走成平行线的感觉。

（2）在很多国家的休闲场所，走在后边的人在超越前边的人时会说："对不起！"请问这说明了什么？这种做法值得我们学习吗？

第六节 蹲姿的礼仪

日常工作和生活中，我们会遇到东西掉落在地上，需要捡起来。或是鞋带开了需要系上的时候，此时，要注意捡东西、系鞋带的姿态，选择正确的下蹲姿态。

一、蹲姿的要领

（1）将左脚向后退半步，前脚掌着地。

（2）右脚的脚掌全部着地，上身整体下沉。

（3）左腿膝盖低于右腿膝盖。男士可以将双腿略分开，女士要将大腿靠紧。用左腿支撑身体，臀部要向下（图4-19，图4-20）。

◎图4-19　　　　　　◎图4-20

根据具体情况，还可以选择右脚向后退半步的下蹲方法。比如：在捡拾自己身体右侧的物品时，选择右脚退半步的下蹲方法会比较方便。

二、下蹲时要注意的问题

（1）不要突然下蹲。突然下蹲，会使周围的人不知所措，有时还可能发生意外。

（2）不要距离他人太近。要保持一定的距离，以免对方产生紧张情绪，并防止互相碰撞。

（3）要注意方位。正面朝向他人下蹲，是一种很尴尬的姿态，要选择侧向他人的方式下蹲。

（4）要注意掩饰。尤其是女士，在穿着裙装下蹲时，更要注意掩饰身体，不要双腿叉开。

思考题

（1）女士在某些场合会选择交叉式蹲姿，请回答这种蹲姿会出现在什么场合？

（2）请进行蹲姿训练，并将其用于工作和生活中。

第七节　致意的礼仪

致意是公务交往中简单而又常用的一种礼节。我们先来了解致意的类型。

一、致意的类型

1. 微笑致意

上文中，我们曾将微笑作为一个比较重要的话题和大家进行了比较详细的交流，微笑本身就是一种致意的方式。

2. 点头致意

在工作中与来访者进行交流，在工作区域中遇到同事，都可以采取点头致意的方式表示肯定与问候。

3. 举手致意

在距离同事或是来访者比较远时，我们可以通过将右臂抬起，四指并拢，拇指略张开，掌心向前，轻轻挥动两三次的方式和对方打招呼（图4-21）。需要注意的是，摆动的次数不要太多，速度不要过快。一般情况下，右手手指也不要举过自己的头顶。

4. 起身致意

在来访者或领导到来或是离去时，要起身致意。此外，还要注意待来访者或领导落座后，自己再落座。如果来访者或领导要离开，要等对方起身后自己再起身。不然，容易给对方带来急于让其离开的感觉。当对方将自己介绍给他人时，也要起身致意。

◎图4-21　　　　　　◎图4-22　　　◎图4-23

5. 欠身致意

欠身致意的要领是，在标准站姿的基础上，上身以髋关节为轴向前倾，一般幅度为15°～30°，目视对方，这是向他人表示恭敬的好方法（图4-22，图4-23）。

6. 鞠躬致意

在欠身致意的基础上，将自己的目光由目视他人转为目视地面，我们就完成了鞠躬致意。鞠躬致意的幅度有15°、30°、45°、60°等。

7. 握手致意

握手的要领是，在标准站姿的基础上，目视对方，面带微笑（严肃或悲伤场合除外），以右手稍用力握住对方的手，上下轻摇3~5秒钟（图4-24）。有时，为了表达热烈欢迎的心情，还可以将左手也搭在一起。

要注意的是，握手时要摘下手套。涉外交往中，多数伊斯兰教国家，异性之间往往不握手，还有一部分国家忌讳交叉式握手。

◎图4-24

二、致意的顺序

致意的顺序是：年轻人先向年长者致意。主人先向来宾致意。下级先向上级致意。男士先向女士致意。

在向多人致意时，要遵循先长后幼，先女后男，先疏后亲的顺序进行。

在致意时，一般会综合使用两种以上的致意方式。比如，微笑致意与点头致意并用，微笑致意与挥手致意并用等。

在看到对方向自己致意时，要用同样的方式热情还礼，不要毫无反应、视而不见。

思考题

- -

（1）请在镜子面前进行致意的练习。

（2）目前，在我国鞠躬致意会用于哪些场合？为什么？

（3）致意时，如果对方是年轻人，又是上级，我们怎样决定致意的顺序？请给出解决这一问题的方法。

致意视频

第八节　递接物品的礼仪

据说，在没有发明餐具的年代，我们的祖先为了卫生和用餐方便，将自己的双手作了分工：用右手取食物，用左手来处理废弃与不清洁之物。尽管目前多数民族用餐具进食，但是，认为左手不清洁的这种传统意识还继续保留着。所以，在递物、接物时不要用左手，以免给对方带来不愉快的情绪。

一、递、接名片

1.递送名片

在递送名片时，要注意以下问题：

（1）名片要整洁完整，不可有污损、涂改、褶皱。

（2）递送名片要选择适宜的时机。选择与对方初次见面或是分别之时比较好。

（3）要将名片的正面朝向对方，双手递送（图4-25）。

（4）要注意递送名片的顺序。一般是主人先向来宾、下级先向上级递送名片。在面对的人比较多时，还可以选择由距离近到远的方式递送名片。

◎图4-25

2.接收名片

接收名片时要做到：

（1）要用双手接收。

（2）要认真阅览并致谢对方。

（3）为了交流的方便，可以暂且将名片放在桌上。但是，在离开前一定要将名片收好。

二、递送其他物品

除了公务交往中递送名片之外，还会有递送文件（图4-26）、笔、剪刀、水杯等物品的过程。在递送笔、剪刀等物时，不要将笔尖、剪刀尖朝向对方。

在递送水杯时，要将水杯放于对方的右前方，如果水杯带有杯耳，杯耳与对方的角度要呈45°，这样比较便于对方持杯。

递物、接物时要主动走向对方，不要站在原地不动，这样做容易让对方觉得不太热情。

递物时，要争取递到对方手中，不要随便地放在桌子上或其他地方。

◎图4-26

思考题

（1）通过练习，掌握递、接物品的要领。

（2）当接受了他人的名片时，一般要回赠自己的名片。如果没有带名片，此时你会怎样做？

递物视频

第五章
谈吐礼仪

在公务礼仪培训中，经常听到学员这样询问："在服务大厅工作时，如果对方提出不合理的要求时，我应该怎样拒绝对方？""我觉得自己讲话的态度挺好的，可是，对方却质问我：'你这是什么态度？'"

学员还告诉我："老百姓的投诉，有很大部分来自于工作人员'没有把话说好'。"

在这一章中，我们将分享公务交往中有关语言的基本要求及语言技巧等话题。

第一节　分享《礼记》中先人的教导

在《礼记·表记》中，先人教导我们做人要"不失足于人，不失色于人，不失口于人"。这句话的意思是做人要做举止不失体统、仪表不失庄重、言语谨慎的人。

作为公务人员，谨慎的言语足以使人信服，同时，又树立了良好的公务形象。

在"言语足以使人信服"方面，温家宝总理为我们树立了榜样。

张仲慧在《魅力中国》2009年第9期《温家宝总理的语言风格》一文中写道：

2003年，中国社会的不均衡发展，令社会转型期内矛盾凸显，许多问题亟待解决。

面对这种形势，温总理说道："在我当总理以后，我心里总默默念着林则徐的两句诗'苟利国家生死以，岂因祸福避趋之'。这就是我今后工作的态度。"这表明，他为了国家和民族的利益，自身的生死祸福都可以置之度外的信念与决心。

在谈到面临的繁重工作时，温总理巧妙地借用了屈原《离骚》和毛泽东《忆秦娥·娄山关》中的诗句："路漫漫其修远兮，吾将上下而求索。""雄关漫道真如铁，而今迈步从头越。"这相隔两千年的伟大诗句，真实地表达了总理的内心世界，也巧妙地回答了他对新的职责的清醒认识。

温总理诸如此类的表达，让人体会到他的真诚和务实精神。

所以，真诚的语言使人信服。

在与他人进行语言交流时，如果能够让对方感到我们设身处地地为对方着想，我们的语言就会使人信服。比如：当对方提出超越了自己权限的问题时，不是简单地回绝对方："我没有办法。"而是在不违反原则的前提下，为对方出主意，想办法，解决问题。

2006年9月5日，温总理在访问欧洲前，在中南海紫光阁接受欧洲媒体的访问。英国《泰晤士报》的记者问道："你晚上经常读什么？掩卷后又是什么让你难以入睡？"

温总理回答道："你实际上是在问我，经常在读什么书，思考什么问题，我究竟是一个怎么样的人。"

之后，他引用了六段诗章来回答记者的提问。

第一段是左宗棠年轻时贴在门口的一副对联："身无半亩，心忧天下，读破万卷，神交古人。"

第二段是屈原《离骚》中的诗句："长太息以掩涕兮，哀民生之多艰。"

第三段是郑板桥的诗句："衙斋卧听萧萧竹，疑是民间疾苦声。"

第四段是宋朝张载的座右铭："为天地立心，为生民立命，为往圣继绝学，为万世开太平。"

第五段是艾青的诗句："为什么我的眼里常含泪水，因为我对这片土地爱得深沉。"

第六段是刻在德国哲学家康德墓碑上的话："有两种东西，我对它们的思考越是深沉和持久，它们在我心灵中唤起的惊奇和敬畏就会日新月异增长，这就是我头上的星空和心中的道德定律。"

这六段诗章无不体现出温总理充满庄严、圣洁、正义的崇高精神境界和博大的人文情怀。温总理讲话中所体现的执政理念和人文情怀告诉我们：每一个人，无论职位有多高、权力有多大，都不可自我膨胀，而应该时刻注重内在的修养，对权力、法律、道德乃至对大自然、文明发展和社会进步保持足够的敬畏。应当超越浮躁的现实，超越个人的私念，正确地对待自身荣誉和挫折，以更为宽广的胸怀，把国家兴亡、民族复兴作为人生追求的最大目标。

所以，具有人文情怀的语言使人信服。

在公务交往中，在理解对方的情感，与对方的情感保持一致的情况下，我们的语言就会使人信服。比如，在接待上访人员时，许多公务人员经常将"我非常理解您的心情""我明白您的意思"等话语挂在嘴边。

温总理非常关注祖国统一问题，每每谈及台湾，他的话语中无不充满殷殷眷顾之情。

他说道："说起台湾我就很动情，不由得想起了一位辛亥革命的老人、国民党的元老于右任临终前写过的一首哀歌：'葬我于高山之上兮，望我大陆。大陆不可见兮，只有痛哭。葬我于高山之上兮，望我故乡。故乡不可见兮，永不能忘。山苍苍，野茫茫。山之上，国有殇。'"

在2004年的记者招待会上，温家宝又引用台湾诗人丘逢甲的诗："春愁难遣强看山，往事心惊泪欲潸。四万万人同一哭，去年今日割台湾。"这表达了骨肉分离带给两岸人民的锥心之痛及渴望祖国统一的强烈愿望。

他还曾套用台湾著名诗人余光中的诗作《乡愁》，说道："浅浅的海峡，是最大的国殇，最深的乡愁。"语之殷殷，情之切切，令闻者动容。海峡那端漂泊的游子是14亿炎黄子孙最深的乡愁，是祖国母亲心尖上永远不能触摸的隐痛！

2009年的记者招待会上，温家宝说道："我想到阿里山，想到日月潭，想到台湾各地去走走、去接触台湾同胞。虽然我今年已经67岁了，但是如果有这种可能，走不动就是爬我也愿意去。"话音刚落，现场就响起一片掌声。

温总理借诗抒怀，以古通今，表达了他对台湾人民、对祖国统一的深切关注。他说道："为什么我眼里常含泪水，因为我对这片土地爱得深沉。"温总理在不同场合多次吟咏的这句诗，是其内心情感的真实表露。

所以，富有情感的语言使人信服。

在讲究公务形象的今天，"您、请、您好、谢谢、对不起、再见"这"十一字"文明用语，已基本成为公务人员的语言习惯。但是，带有情感的文明用语是对方需要的，程序化的文明用语是不受欢迎的。

在"言语足以使人信服"方面，周恩来总理也为我们树立了榜样。

1954年，周恩来参加日内瓦会议，通知工作人员，给与会者放一部《梁山伯与祝英台》的彩色越剧片。工作人员为了使外国人能看懂中国的戏剧片，写了15页的说明书呈周总理审阅。

周恩来批评工作人员："不看对象，对牛弹琴。"工作人员不服气地说："给洋人看这种电影，那才是对牛弹琴呢！"

"那就看你是什么弹法了。"周恩来说，"你要用十几页的说明书去弹，那是乱弹，我给你换个弹法吧，你只要在请柬上写'请您欣赏一部彩色歌剧电影，中国的《罗密欧与朱丽叶》'就行了。"电影放映后，观众们看得如痴如醉，不时爆发出阵阵掌声。

所以，讲究技巧的语言使人信服。

思考题

（1）请以"向总理学习"为题，谈一谈自己的想法。

（2）请阅读下列文字，联系本节内容谈一谈自己的感想。

2008年，世界遭遇金融危机。9月24日，温家宝总理访问美国纽约时讲道："信心要比黄金和货币还要重要。"

2009年3月13日，温总理举行中外记者招待会，他选用唐代诗人杜审言《春日京中有怀》"寄语洛城风日道，明年春色倍还人"来增强信心。他说道："我们已经提出了一揽子应对计划。实现这个计划，我依然认为，首要的还是要坚定信心。只有信心才能产生勇气和力量，只有勇气和力量才能战胜困难。"他告诫人们不要被今年的金融危机所吓倒。借用"明年春色倍还人"，说明明年的形势将会大大好转，给我们描绘出一幅光明灿烂的美景，这大大振奋了中国乃至全世界人民经济复苏的信心。

随后，他又引用"山重水复疑无路，柳暗花明又一村"的诗句，指出："要行动，而不能坐等。"他说道："我国经济面临巨大的挑战，也面临着发展机遇。如果真正把握得好，措施得当，而且实施及时、果断、有力，我真希望中国经济能早一天复苏。那时，中国的经济经历一场困难的考验，将会显示出更强大的生命力。"

在被问到"信心"问题时，温家宝引述古语道："取火莫若取燧，汲水莫若凿井。"他借此鼓励民众，你想得到火不如自己去获取燧石，你想得到水不如自己去凿井。他说："心暖则经济暖，希望全体中国人都要以自己的暖心来暖中国的经济。"这句话和古语一起登上了意大利《欧联时报》次日的头版，并发表评论说："中国总理温家宝的中外记者招待会，已把中国人的信心、士气推到了一个顶点。"

第二节 讲话的语气、语调和语速

交通警察在执行公务中，如果发现了违章的人，会使用规范的手势请司机停车，并来到司机面前，敬礼后，用平和的语气指出对方的问题所在。

国家工商管理局办公大厅的工作人员在解答咨询时，会选择对方能够接受的语速。

国家税务、地方税务办公大厅的礼仪培训中，已经将语调作为一个比较重要的内容。

我们之所以关注交往中的语气、语速及语调，是因为我们的办事态度，不但体现在语言内容的选择方面，更体现在语气、语速及语调方面。

比如：语气生硬地指出对方的问题，就会产生态度不好的结果。

比如：语速过快，容易让对方感到我们不耐烦。语速太慢，会给人比较懈怠的印象。

比如：语调低沉，会给人命令和质问的感觉。

由此可以看出，讲话时的语气、语调和语速相比语言内容本身，更能反映出我们的内心世界，以及与他人交流时的态度。

一、语气的把握

怎样做才能使语气柔和呢？

通常情况下，讲话是在呼气而不是在吸气时完成的，吸气是在讲话停顿时进行的。

讲话时正确的呼吸方法，是采用由胸腹式联合呼吸法（也称丹田呼吸法），即运用小腹收缩、丹田的力量控制呼吸。郭兰英在谈到运用这种呼吸方法时说："唱歌时小肚子常是硬的，唱得越高就越硬。"

胸腹式联合呼吸介于胸式呼吸和腹式呼吸之间，是两者的结合。其具体方法如下：

（1）吸气。小腹向内，即向丹田收缩，大腹、胸、腰部同时向外扩展。前腹和后腰要有分别向前、后、左、右撑开的力量。用鼻吸气，做到快、静、深。此时，我们可以感觉到腰带有变紧的感觉。

（2）呼气。要使小腹保持收紧，使胸、腹部在控制下，将肺部气体慢慢放出，呼气要用嘴，要做到匀、缓、稳。在呼气过程中，语音一个接一个地发出后，组成有节奏的有声语言。

这种呼吸方法可以使腹部和丹田充满气息，为发音提供充足的"气"。同时，由于小腹向内收缩，胸前向外扩张，以小腹、后腰和后胸为支点，为发音提供了充足的"力"。"气"与"力"的融合，为优美的声音奠定了坚实的基础。

我们可以借助以下方法进行呼吸的练习：

（1）闻花香。仿佛面前有一盆散发着香味的花儿，让自己深深地吸进香气，控制一会儿后再缓缓吐出。

（2）吹蜡烛。就是模拟吹灭生日蜡烛的动作。让自己深吸一口气后均匀缓慢地吹，尽可能时间长一些，能达到25～30秒为合格。

（3）咬住牙。做法是深吸一口气后，让气从牙缝中通过发出"咝……"的声音吐出，要做到力求平稳均匀持久。

（4）数数。从一数到十，往复循环，一口气能数多少遍就数多少遍，要做到数的清晰和响亮。

（5）绕口令。比如："出东门，过大桥，大桥底下一树枣儿，拿着杆子去打枣，青的多，红的少。一个枣儿，两个枣儿，三个枣儿，四个枣儿，五个枣儿，六个枣儿，七个枣儿，八个枣儿，九个枣儿，十个枣儿……"

在开始做绕口令练习时，中间可以适当换气，练到气息有了控制能力时，逐渐减少换气次数，最后要争取一口气说完，甚至多说几个枣儿。

在讲话过程中，要处理好讲与呼吸的关系，让我们进行如下尝试：

（1）要尽可能轻松自如，吸气要迅速，呼气要缓慢、均匀，吸入的气量要适中。

（2）要尽可能在讲话中的自然停顿处换气，不要等讲完一个长句才大呼大吸，这样会显得讲话很吃力。

（3）要使讲话时的姿势有利于呼吸。不论是选择站立还是落座，都要抬头、舒肩、展背，胸部要稍向前倾，小腹自然内收。这样做才能使我们的语言产生甜美、柔和的感觉。

二、语调的把握

在公务交往中，要根据对象的不同，事情的不同，场合的不同合理地把握语调。

1. 使用文明语，要讲究声调

公务交往中常用的"十一字"文明用语，在使用时存在着降调和升调两种情况。

比如：用升调的方法完成"您好""再见"中的"好"和"见"，会给人带来真诚、热情的感觉。相反，如果使用降调的方法，就会给人带来敷衍、冷淡的感觉。

又如：用升调的方法完成"对不起"中的"起"字，会给人带来讽刺的感觉。相反，使用降调的方法则比较恰当。

在"十一字"文明用语中，除"对不起"以外，"请、您、您好、谢谢、再见"一般情况下都需要使用升调法完成。

2. 处于不同的场合，要讲究语言的声调

公务人员在执法的过程中，使用降调的方法，能比较好地强化语言的权威性。比如：国家工商管理局人员在进行市场监督时，如果发现了违法现象，使用降调的语言效果会比较好。但是，在公共办公大厅处理日常业务时，使用升调的语言，会给对方带来温暖、舒适的感觉。

3. 面对不同的事情，要讲究语言的声调

在与他人的交谈中，当谈到不愉快的事情时，语调降低会使对方产生好感。因为，这是理解他人的表现。

当然，在对方谈到愉快的事情时，我们选择升调的方法进行肯定或应答，会使对方得到鼓舞。比如：公务人员在接待信访的过程中，对来访者反映的问题要积极对待。尤其是接听群众拨打进来的反映有关问题的电话时，要注意自己的通话态度，要表现出高度的责任心与为群众服务的热情。要做到来者不拒，有问必答，热情相待。此时，信访接待人员的语调要根据来访者的情绪进行合理的调整。

三、语速的把握

下面这篇短文，是礼仪教学及社会礼仪培训中，用以训练学生或学员语速标准的。

来，让我们看看自己的语速是否恰当，请用60秒钟朗读下列短文。

一百多年以前，维也纳的某个剧院里发生了一件很有意思的事情。当

时的维也纳女士喜欢戴高顶帽子，喜欢到即使在观看演出时也不愿意摘掉它，致使坐在后面的观众意见很大，因为高帽子挡住了他们的视线。很多观众找到院方反映情况，剧院负责人来到舞台上说道："请女士们将帽子脱下来，你们听到了吗？女士们，请你们将帽子脱下来！"他一遍又一遍地大声说着、喊着，急得满头大汗，可女士们就是不理睬他，他感到很尴尬，很无奈。

这时，他拍着自己的脑门想："是不是自己的语言有问题？"略作思考后他又说道："好，就这样吧，年纪大的、身体不好的女士就不必脱帽了，现在请年轻女士脱帽！"

话音刚落，剧场中所有的女士都将帽子脱了下来。

在培训中，我还曾经带领学员分别用40秒钟和80秒钟朗读上文，并带领大家共同讨论不同的语速给他人带来的感觉是什么。

学员们讲道："当听到用80秒钟朗读这篇短文时，让我觉得透不过气来，感觉憋得慌。"学员还讲道："用40秒朗读这篇短文时，我觉得紧张，因为有跟不上节奏的感觉。还是用60秒钟朗读比较好，不但听得清楚，还能感觉很轻松。"

在公务交往中，我们还要学会针对不同的人、不同的事情灵活把握语速。

比如：面对年事已高的老人，面对专业性比较强的问题解答，要将语速放慢些。而面对年轻人，面对比较简单问题的解答，语速则可以快一些。

思考题

（1）请朗读本节中语速练习的短文，通过计时检查自己的语速习惯，并进行合理的调整。

（2）请在公务交往中，关注语调和语气对他人带来的影响，并灵活把握语气和语调的运用。

第三节　讲究说话的角度

站在他人的角度说话，是公务交往中的基本要求。

怎样做才是站在了他人的角度呢？下面我们通过一个日常交往的案例说明这个问题。

在公务交往的拜访过程中，如果是第一次与对方见面，我们要在见面时做自我介绍："您好！我是××单位的×××。"但是，我们也会针对当时的情况，临时将自我介绍变更为："对不起！您先忙着，我在外边等一会儿。"

我们之所以改变了话题，是因为发现对方在忙着其他的事情。如果这时只考虑自己，生硬地打断对方，会给人留下不懂得尊重的印象。

所以，站在他人角度说话，指的是根据对方的需求讲话。

一、讲话要考虑他人的心理需求

《北京青年报》曾登载过一位心理医生如何治愈一名病人的故事。故事中讲道：

患者是曾恋爱十余年，前后谈了三个男朋友，却没有一个能成功的女士。

失恋让这位女士痛苦得无法自拔，她来到心理诊所，目光呆滞地看着医生说："他们都是负心汉，我要将他们统统杀掉，再杀掉自己。"

医生平静地、同情地看着她说道："我非常理解你现在的心情，你肯定是因为受到了伤害，我非常同情你目前的处境。"

听到医生认同自己，女士似乎变得轻松了一些。只见她将上身前倾，让自己距离医生近一些，悲痛地向医生叙述自己的不幸，她滔滔不绝地说着，医生神态专注地听着。

这位女士在不断的叙述中，眼神变得逐渐有了光亮，语调逐渐变得比较平和，话题也由怨恨他人变得开始反省自己："我死后，我妈妈会很伤心吧？您说我这样做值得吗？我是不是也有错误？"最后，她打消了杀人与自杀的念头。

在这个故事中，我们看到了心理医生的智慧，医生的智慧是对病人需求的准确判断。此时的病人需要的是倾诉，是他人的理解与同情，是战胜困难的勇气和力量。

由于医生满足了病人的这种需要，所以，他使病人走出了困境，找回了重新生活的勇气和信心。

公务交往中的语言交流，时时刻刻存在着是从自己的角度说话，还是从他人的角度说话的问题。比如：政府机关传达室的工作人员，在要求来访者进行登记时，如果能用"麻烦您，请您登记""耽误您一点时间好吧，请您登记"等礼貌的语言与对方交流，就比较容易得到他人的配合。又如：在政府机关的办公大楼里，当我们看到东张西望的来访者时，如果能主动地询问："您好！需要帮忙吗?"会使对方感到非常快乐。再如：在与他人的交谈中，如果自己想插话，并在插话之前首先道"对不起"就容易得到他人的理解。又比如：在服务大厅窗口岗位的工作人员，在拒绝群众不合理的要求时，如果能耐心地讲一讲原因，将会使对方乐于接受。因为，了解被拒绝的原因往往是对方的需求。

为了提高公务办公的质量和效率，我们要自觉地转变办公的观念，从他人的角度出发，满足他人的心理需求，将事情做好，将话说好。

二、讲话要考虑他人的实际需求

在《成功之道全书》中，卡耐基讲了一个自己的案例：

我向纽约一家饭店租用了一个大舞厅，每一季用二十个晚上，用于举办一系列的讲座。

在某一季开始的时候，我突然接到通知，要求我付出比以前高出三倍的租金后，才能继续使用舞厅。但是，在我得到这个消息之前，入场券已经印好发出去了，而且通告都已经公布了。

当然，我不想付这笔增加的租金，可是，我跟饭店的人谈论我不要什么，又有什么用呢? 他们只对他们所要的感兴趣。几天之后，我决定去见饭店的经理。

我说道："收到你的信，我有点吃惊，但是我根本不怪你。如果我是你，我也可能发出类似的信。你身为饭店的经理，有责任尽可能地使收入增加。现在，我们拿出一张纸来，把租金提高后你可能得到的利弊列出来，如果你坚持要增加租金的话。"

然后，我取出一张纸，在中间划了一条垂线，在一边写上"利"，另一边写上"弊"。

我在"利"这边的下面写了这些文字："舞厅空下来。"接着我说："你有把舞厅租给别人开舞会或开大会的好处，因为像这类的活动，比租给别人当讲课场地要增加不少收入。如果我把你的舞厅占用二十个晚上来讲课，对你当然是一笔不小的损失。

"现在，我们来考虑弊的一面。第一，你不能从我这儿增加收入。事实上，你将一点收入也没有，因为我无法支付你所要求的租金，我只好被逼到别的地方去开这些课。

"你还有一个弊处，这些课程吸引了很多受过教育、水平很高的群众到你的饭店来。其实，他们的到来对你是一个很好的宣传。不是吗？事实上，如果你花费5000美元在报纸上登广告的话，也无法像我的课程这样，能吸引这么多的人来看看你的饭店。这对饭店来讲，不是价值很大吗，对不对？"

之后，我将纸递给饭店的经理说道："我希望你考虑你可能得到的利弊，然后告诉我你最后的决定。"

第二天我收到一封信，通知我租金只涨50%，而不是300%。

在卡耐基叙述的这个案例中，我们发现，他没有讲一句他需要的是什么，而是站在对方的立场大讲对方所需要的是什么，以及对方如何能得到所需要的。他不但满足了对方的心理需求，还满足了对方的实际需求，从而使双方的合作继续下去。

如果卡耐基怒气冲冲地找到饭店经理说道："你这是什么意思，明明知道我的入场券已经印好，通知已经发出，却要增加我三倍租金！这太无理了！"

一场争论就会开始，这种争论会有什么结果呢？

退一步讲，即使饭店经理在争论中感觉到自己失策了，自尊心也会使他很难屈服和让步。

从他人的角度出发，与他人进行友好交流的案例有很多，下面我们来分享公务礼仪培训中一个学员带来的案例：

前几天，一位下岗人员前来咨询办理个体营业执照的相关事宜，我在热情地与他寒暄之后，向他讲解了关于办理执照所需的各种证件。随后，他拿出其他辖区的房屋产权证，用手指着产权证问道："在这儿可以办证吗？"

我仔细看了房屋产权证，发现他与房主没有直系亲属关系，而且又是楼房，便向他解释道："根据相关政策，这样的房子您是办不了照的，因为楼房是不允许办理营业执照的。请问您还能找到其他的地方，比如说：平房的私房，或者亲戚朋友有没有在宾馆、饭店、招待所等地方工作的……"

我还没有说完，他就把产权证往我桌子上一摔，气愤地骂起来："你们他妈的什么东西，我在×××就能这么办，凭什么你们这儿不给办！"

看这位男士情绪这么激动，我劝说道："您先别生气，坐这儿休息一下。"并起身给他倒了一杯水。

我耐心地与他进行交流，并认真地倾听他的倾诉。

待他冷静下来后，我又说道："我的亲戚中也有下岗人员，我要让他们向您学习，要像您这样主动找事情做。"

男士听我这么说，笑了起来。他说道："真是不好意思，我不该跟您发火。"

之后，他说道："谢谢您的提醒，我去找一找在平房住的亲戚，希望他们能帮助我。"

当然，站在他人的角度说话，前提是不要违反原则。

满足他人的心理需求，满足他人的实际需求，让我们把这两个需求作为办公中说话的前提。

思考题

（1）请举例说明"站在他人的角度说话"的重要性。

（2）请回答：从两个不同的角度提示他人，"电话交流中"的声音要大一些。

①从对方的角度出发。

②从自己的角度出发。

第四节　灵活使用文明用语

与他人相见时主动问候："您好，见到您很高兴！"一句简单的问候，可以使双方的距离拉近。

当他人向我们表示谢意时，我们回答："过奖了，这是我应该做的。"这样谦逊的应答，会使对方增进对我们的好感。

与他人分别时，亲切地说："请走好，希望今后能经常联系。"一个温馨的道别，会使对方能经常想起我们。

在求助他人时说："张先生，有件事情让我比较困惑，很想听一听您的建议。"或"小刘，麻烦你帮我一个忙好吗？"相信，不论是张先生还是小刘，都会给予热情的帮助。

参与谈话时说道："对不起！我能插一句话吗？"这样做，不但能表现出一个人的良好的修养，还能使对方乐于接受。

这些简单的文明用语，在公务交往中的作用是非常重要的。

公务交往中，经常使用的文明用语有以下八类：

一、问候用语

我们常用的问候用语有两种：

（1）标准式用语。比如："您好！""各位好！""大家好！""同志们好！""张先生好！""齐主任好！"

（2）时效式用语。比如："早上好！""中午好！""下午好！""晚安！"

二、迎送用语

（1）欢迎用语。常用的欢迎用语有："欢迎！""欢迎光临！""欢迎您的到来！""见到您很高兴！""恭候光临！"

与他人再次见面时，如果能表现出认识对方，会使其产生被重视的感觉。如"张先生，欢迎您！""刘经理，我们又见面了！""欢迎再次光临！"等。因为这种表达具有个性特征，效果会比较好。

（2）送别用语。常用的送别用语有"再见!""慢走!""走好!""欢迎再来!""请多多保重!"

三、请托用语

请托用语有两种形式：

（1）准式请托语。比如："请稍候。""请等一下好吗?"

（2）求助式请托用语。比如："劳驾。""拜托。""打扰。""借光。""请多关照。"

请托用语能很好地将指令性语言转变为他人乐于接受的语言。比如："您是怎样想的?"这句话有很强的指令性，如果将其转变为："请说出您的想法。"这样会使对方乐于接受。

四、致谢用语

在获得他人帮助、得到他人支持、赢得他人理解、感到他人善意、婉言谢绝他人、受到他人赞美时，不要忘记答谢对方。

我们可以选择标准式致谢用语。就是在"谢谢"前边或后边加上人称代词或尊称。比如："金先生，谢谢!""谢谢郑小姐!""谢谢您!"

我们还可以用加强式致谢用语。比如："多谢!""十分感谢!""万分感谢!""非常感谢!"

五、应答用语

应答用语一般用于回应他人的召唤，或是在倾听时表示赞同他人以及自己很关注对方的话题。

我们常用的应答用语有肯定式应答用语。比如："是的。""好的。""听候您的吩咐!""我知道了。""我明白您的意思。""一定照办。"

我们还会用到谦恭式应答用语。比如："请不必客气。""这是我应该做的。""这是我的荣幸。""请多多指教。""过奖了。"

六、赞赏用语

当发现他人的优点和长处时，将其说给对方听的做法是积极的行为。

赞赏用语有评价式赞赏用语。比如："太好了！""真不错！""很美！""非常出色！""十分漂亮！""您真有眼光！"还可以使用认可式赞赏用语。如果群众或同事的见解是正确的，一定要给予认可。比如："还是您懂行。""您的观点非常正确。""真是您说的那么一回事。""没错，没错。"

七、祝贺用语

比如："祝您成功！""祝您心想事成！""祝您身体健康！""祝事业成功！""向您道喜！""祝新年好！"等。

八、道歉用语

常用道歉用语如："抱歉！""对不起！""请原谅！""失敬了！""恕罪！""不好意思！""多多包涵！""真过意不去！"等。

在工作和生活中，恰当使用文明用语，不但能确立自身的良好形象，还能增进友谊，获得他人更多的帮助和支持。

机械地使用文明用语，很难使他人产生好的感觉。如果能做到灵活把握，将会产生很好的效果，甚至给对方带来惊喜。比如：在道歉时，单纯的一句"不好意思"，很难使被冒犯的人平复心情。如果此时能够简单说明原因或是给对方以补偿，将会使对方感到我们的真诚。又如：在夸赞对方时，如果不是单纯地给出结论，而是有事实根据，就会使对方心花怒放。

这样使用文明用语之所以有效，是因为它能很好地让对方感觉到，我们是发自内心的，是真诚的。

思考题

（1）请举例说明文明用语在公务交往中的重要性。

（2）您在日常工作中经常用到哪些文明用语？交往对象听到这些文明用语后有什么表现？为什么？

第五节 优化命令式和否定式语言

任何一次社会礼仪培训，都是由进行调研开始的。一次，在调研中被调查者向我讲述了他在某政府接待处遇到的尴尬。

被调查者说道：当我向一名接待人员说出上访的原因时，对方板着脸，看着桌面说道："这种事你得找别人！"

我马上追问对方："我上哪里去找他？"

"你就在这儿等着吧！"对方说完这句话，转过头接待其他来访者了。

看到接待人员这种态度，我不便再追问什么，站在那里等待着他说的那个能解决我的问题的人。

在来访者一个个走进接待处，又一个个走出接待处中，我始终没有等到那个人。

无奈之下，我又去找让我等待的接待人员询问："对不起！我一直在等着，怎么没有人接待我呀？"

对方听到我的询问，头也不抬，不耐烦地指责我："他刚才来过，你没看见呀！"

听到对方的回答，我非常着急。我马上回答道："啊！他来过了，可是我不知道他是谁呀。"

接待人员将头抬起来，一边摇着头一边看着我讽刺地说道："你可真行，不知道是谁你干吗不问呀！"

说到这里，被调查者讲道："嗨，这都是过去的事情了，不提它了。"

被调查者主动提出结束交谈，让我感到上访给他带来的不愉快，至今还没有驱散开。

抛开被调查者所谈的接待人员的脸色不好看，肢体动作不尊重，我们发现接待人员所说的话基本上有两类。一类是命令式语言，一类是否定式语言。

命令式语言给人带来高高在上、不平等的感觉。否定式语言给人带来被训斥、无能的感觉。

在公务交往中，这两类语言很容易使百姓产生排斥心理，这是公务交往中必须要引起注意，也是必须要杜绝的语言。

但是，在公务交往中，我们要向群众宣传党的政策，对于群众提出的不合理要求也必须要拒绝。在这一过程中，我们怎样做才能让对方感到比较愉快和乐于接受呢。

让我们尝试将命令式和否定式语言进行优化。

一、优化命令式语言

在前边的案例中，接待人员的"这种事你得找别人""你就在这儿等着吧"是典型的命令式语言。

我们可以尝试用增加附加语的方式，降低或是消除命令式语言的对抗性。

具体的做法是，在命令式语言的前边附加上"对不起！""抱歉！"等致歉式用语。在命令式语言的后边附加上"可以吗？""好吗？"等商量式的用语。比如：将"这种事你得找别人！"这句话增加了附加语后，就可以转变为"对不起！您的问题会由专人解决，请等一会儿可以吗？"又如：将"你就在这儿等着吧！"这句话增加了附加语后，就可以转变为"抱歉！您在这里等着好吗？"

我们会发现，命令式语言在附加了致歉式的语言后，会给他人带来比较愉快的心情。这种愉快心情的营造使命令式语言降低了相互之间的对抗性。

我们还会发现，命令式语言在附加了商量式的用语后，会给对方带来比较温馨的情绪体验，这种体验不但使对方乐于接受我们，还能使对方接受我们的建议。

二、优化否定式语言

同样， 在前边的案例中， 接待人员的"他刚才来过， 你没看见呀！""你可真行，不知道是谁你干吗不问呀！"让来访者敢怒不敢言。

我们可以尝试将否定式语言转变为肯定式语言， 以消除对方被训斥感觉的出现。 比如： 将"他刚才来过，你没看见呀！"转变为"他刚才来过，我提醒他一下就好了。"又如： 将"你可真行，不知道是谁你干吗不问呀！"转变为"我应该主动告诉你。"

否定式语言的转化过程，实质上是公务人员主动承担责任的过程。 所以，转化之后的语言乐于让对方接受。

将否定式语言转化为肯定式语言，还有直接给出正确做法的方式。 比如：将"您拿错证件了。"转变为"请出示您的身份证。"又如：将"您签字的位置是错的。"转变为"请在右下角签字。"

三、优化语言要从转变意识做起

语言习惯来自于人的思想意识。 当将自己置于和对方平等的位置时，我们的语言一定是平等的、商量式的、肯定式的语言。 当我们期待自己的语言给他人带来愉快的心情时，我们的语言就会变得温馨和美好。

1. 平等对待他人

与他人进行交往时，公务人员既要不忘自己的身份， 也不要过分地强调自己的身份。 既要有为人民服务的意识， 也不要将自己定义为施舍者。要杜绝对他人冷言冷语、 漠不关心、 缺乏耐心， 做到待人真诚、 热情服务、不厌其烦。

2. 关注他人的体验

热情的语言给他人带来满足和快乐的情绪体验，命令式、否定式的语言给他人带来不愉快或很气愤的情绪体验。

在银行业、酒店业员工，将服务提高到关注"顾客体验"这一高度的今天，作为公务人员，我们也应该将服务做得更好。

关注"顾客体验"指的是：

（1）在服务中让顾客的情绪是满足的、快乐的、愉悦的甚至是惊喜的。

（2）在服务中让顾客的良好体验是从始至终、不间断的。

北京市民政局在2008年出版的《社区工作礼仪》一书中写道:"语言是社区专职工作者与社区居民之间不可缺少的基本交流媒介。社区工作者广泛地接触和服务于社区居民是其工作的最大特点。社区工作者与居民的语言交流要从内在和外在两方面做起,其内在方面,是指说话要时刻体现关心居民的思想情绪;其外在方面,是指将这种关心用礼貌的语言表达出来。语言交往的关键是尊重对方和自我谦让。"

书中还强调:"在与居民交流时,应以微笑、点头等动作或以'噢''是'等进行积极的应答。表示理解和支持对方时,要用'对''没错''我有同感'来表示肯定和认同。必要的话,还要在自己讲话时,适当引用对方的语言。"

北京市民政局是这样要求社区工作者的,相信,所有的社区工作者也在这样努力着。

让我们为建立和谐的公务交往氛围,从热情待人、平等待人做起,从优化否定式、命令式语言做起。

思考题

(1)为什么要优化否定式和命令式语言?

(2)请对下列语言进行优化:

"你理解错了!"

"还没听明白呀!"

"你的表格填错了,重填吧!"

"那边等着去!"

"这不归我管!"

第六节　讲究闲谈的技巧

公务交往中，切入正题之前的闲谈，可以为正式交谈创设一个较好的谈话氛围。

在2010年的中美战略与经济对话中，国务委员戴秉国于7月28日发表闭幕声明时，首先面带微笑，幽默地说道："我先给大家提供一则新闻，刚才奥巴马总统会见中方代表时，送给王岐山副总理一只他亲自签名的篮球，可能被他藏起来了。"

王岐山副总理连忙笑着反驳道："没有，就在这里。"说完便动作潇洒地接过工作人员抛过来的篮球。

两位领导有趣的对话，引来一片笑声，现场气氛马上活跃了起来。

同样，奥巴马总统在谈到加强两国对话的重要性时说道："我是一个篮球迷，我想借用中国篮球明星姚明的一句话：'无论是新成员也好，还是旧成员也好，都需要时间磨合。'这一次对话，我相信通过我们的努力，能够达到姚先生的标准。"

很多公务人员，由于重视了闲谈的技巧，营造了交流的良好氛围，使工作效率和质量得到了提高。

一位在政府机关工作的公务人员讲道："在群众到来时，要针对不同的人、不同的情况迎接对方。

"如果一位自己熟悉的老大爷，比较愉快地到来时，要询问：'大爷，看您乐呵呵的，一定是遇到了什么喜事吧？'在特殊的天气，比如下雨的时候有百姓到来，要关心地问候对方：'瞧！身上都淋湿了，快来擦一擦。'当自己这样做时，多数情况下会为来访者带来好心情。"

我们要向这些榜样学习，学习他们在交谈过程中的闲谈技巧，学习他们讲究工作质量的敬业精神。那么，怎样把握闲谈的技巧呢？

一、选择恰当的闲谈内容

首先可以将大家都熟悉的话题作为闲谈的内容。比如：天气、交通、体育、文艺、无争议的新闻、旅游、环境问题、共同的经历、书籍、文学等。

"今天的交通很糟糕，您是怎么过来的？"

"昨天晚上，您看元宵联欢晚会了吧？您最喜欢哪个节目？"

"从毕业到现在，我们有很多年没有见面了，看来你发展得很好。"

"听说您很喜欢看电影，最近各大影院在演些什么呢？"

以上内容，是属于比较中性的话题，它们对营造交谈氛围可以起到很好的作用。

二、闲谈内容的准备

我们无法预料什么时候会有什么样的群众到来，但是，我们可以事先为这些交谈做一些准备。

准备的方法如下：

（1）注意观察周围的世界。争取每天观看新闻联播，它会告诉我们，今天的中国与世界都发生了什么，像文化动态、天气情况、新建筑的落成、什么地方要召开何种重要会议、国际上发生了什么事情等，这些都是很好的闲谈内容。

（2）每天读一种报纸，每月读几本杂志。杂志可以给我们提供五花八门的信息，报纸是迅速了解各种信息很好的渠道。

（3）上网浏览。网上的信息往往是比较及时、比较全面的。

（4）订阅本行业的杂志。

（5）对有趣的资料、故事做笔录，剪贴报纸杂志等。一位有摘抄各种名人名言爱好的工作人员，在不同的场合，面对不同的对象，能将适合的名人名言随口讲来。在一次谈判中，他对名人名言的恰当引用，给谈判的双方带来了美好的体验。

还有，可以将对方感兴趣的话题作为闲谈的内容。虽然我们都会闲谈，但并非都懂得如何把握闲谈。要想使闲谈充分发挥其作用，就要懂得根据不同对象选择不同的话题。

当面对一位男士时，一般要围绕体育、时事政治作为话题，这样更容易使对方产生共鸣。

当面对一位女士时，可以选择时尚、文艺作为话题，这是多数女士较为关心的内容。

当面对一位长者时，我们要清楚他们多数人比较怀旧，他们非常关心自己的身体状况。

当面对一位年轻人时，要考虑到年轻人多数对前途有美好的憧憬。

在公务谈判中，还可以根据与交往对象的亲疏程度选择闲谈的内容。比如：对与自己关系密切的人，可不必设防，推心置腹，无话不说。对关系一般的人，要慎选话题，一般选择中性话题更为安全一些。对关系较为生疏的人，可以从问候、寒暄等话题谈起。在进行涉外谈判时，则要注意入乡随俗，尊重对方的习俗，选择恰当的内容。

三、闲谈中要注意的问题

为了避免闲谈给对方带来不愉快的心情，我们要杜绝以下话题：

（1）有关自己与他人的健康情况。经常讲自己身体欠佳，容易给人需要帮助，使人产生有某种负担的感觉。而经常问对方身体可好，会使他人产生是不是在我们的心中，对方连最起码的能力都不具备的印象。

（2）收入。收入属于个人隐私，是一个人社会价值的体现，如果在闲谈中直接或间接地谈论自己或他人的收入，会使对方产生不愉快的情绪。

（3）有争议的兴趣与爱好。每个人都有不同的兴趣爱好，我们认为滑冰、游泳很洒脱，对方或许觉得垂钓更能陶冶情操，不要将自己的喜好强加于人。与其劝导别人改变，不如回避这些有争议的话题，以免双方争论得脸红脖子粗。

（4）低级的笑话。人们都承认，一个人关注什么，就会将什么话题挂在嘴边。所以，尽管是闲谈，也要注意品位和思想性，不要给人留下低级无聊的感觉。

（5）小道消息。传播小道消息，是一种不负责任的表现，任何人都不愿意与这种人打交道。所以，要杜绝这种话题。

（6）有关私生活。自己和他人的私生活都属于隐私。隐私要得到尊重，所谓尊重，就是要不问、不讲。

（7）单相性话题。在三人以上交谈时，要选择大家都比较感兴趣的闲谈内容，如果选择的话题致使某人插不上嘴，这是不太礼貌的。不论我们选择的是体育、文艺或是天气，要争取让每个人都能参与。

在闲谈中，还要审时度势，把握闲谈的时间。因为再好的话题，也是为引入正题所做的铺垫。一般闲谈的时间掌握在3～5分钟较为适宜。

闲谈的场合可以在会谈进行前、聚会时，要注意不要影响周围的人，不要只与某个人交谈，而忽视了其他人。

在对方还在滔滔不绝时，如果我们想要将话题转移到正题上来，可以选择礼貌地转移话题："与您的交谈让我感到很愉快，我都忘了今天的正题是什么了。"

思考题

（1）举例说明闲谈的重要性。

（2）请选定一个场景，并根据场景完成闲谈的对话内容。

第七节　讲究赞扬他人的技巧

有一个很有意思的笑话，讲的是一位厨师给顾客烧制的烤鸭，从来就只有一条鸭腿。尽管顾客经常提出意见，领导也多次与这位厨师谈话，但也无济于事，厨师总是理直气壮地讲："鸭子就是只有一条腿。"

一天，领导请这位厨师到养鸭场去参观，他要用事实告诉厨师，鸭子有两条腿。

到了养鸭场，还没有等领导开口，厨师就指着那些在单腿独立、很惬意地休息的鸭子对领导说道："你看，你看！我没有说错吧，这些鸭子就是只有一条腿。"

领导听后看着厨师笑了笑，之后，举起双手用力鼓起掌来。只见那些受到掌声惊吓、单腿站立的鸭子纷纷跑了起来。

领导很得意地说："你还有什么可说的？鸭子就是有两条腿嘛。"

厨师不示弱，反问道："领导，您没有鼓掌时，鸭子是几条腿？"

听到厨师的话，领导突然明白了，厨师的意思是：自己每天工作很辛苦，希望得到领导的赞扬和掌声（图5-1）。

确实，使一个人发挥最大潜能的好方法是给予赞扬和鼓励。美国哲学家约翰·杜威讲，人类天性中最深切的冲力是"做个重要人物的欲望"。美国心理学家弗洛伊德也讲到，我们做任何事，都是源自两种欲望，其中一种是"做伟人的欲望"。

任何人都希望自己是不平凡的，都希望自己能行，而且能引起他人的重视。

一位在某政府机关工作的人员，在看到前来办理业务的老人出示的身份证时，发现老人虽然年事已高，精神状态却非常好，他马上赞扬道："您真是不像这个年龄的人。"老人听后，开心地笑着说道："好多人都说我显得很年轻。"

所以，赞扬也是公务交往中调节情绪、改善人际关系、加强友好合作的重要交往手段。

◎图 5-1

一、赞扬他人要注意的问题

在赞扬他人时，我们要注意以下三方面问题：

1. 赞扬他人要实事求是

实事求是指不要浮夸，不要吹捧。像"最著名的歌唱家""最受欢迎的明星""伟大的历史性贡献"等等，这些令人难以置信的言辞，是赞扬中忌用的。明明不是那种情况，却要夸大事实，肉麻吹捧，这是让被夸赞者感到难堪，还会让周围的人听了不以为然的事情。

另外，赞扬他人时，措辞要适当。一位领导在赞扬其下属时说道："小张，你是一个很有潜力的人，相信你能很好地完成工作。"这种赞扬能够激发下属的进取心，是有分寸的。如果这位领导换一种说法："小张，你是一个天才，单位里没有人能超过你。"这种赞扬会使对方不知所措，也会使周围的人心里不舒服。

2. 赞扬他人要发自内心

真诚的赞扬，应该是发自内心的欣赏和喜欢。所以，要满腔热情，发自内心地赞扬对方。那种虚伪的奉承，甚至是吹吹拍拍等做法都是应该杜绝的。只有正大光明地赞美他人，才能发挥赞扬在公务交往中的积极作用。

小王是一名新员工，面对工作和同事他都感到非常陌生。但是，让小王高兴的是，他受到了单位中快言快语的小白的礼遇："我非常喜欢你这样的人，看来我们俩很有缘分。"这热乎乎的话语让小王心里也热乎乎的。

接触时间久了，小王发现小白经常用类似的语言和其他人交往。

这使小王对小白的为人产生了怀疑："小白真的喜欢我吗？她真的觉得我们俩有缘分吗？她到底能非常喜欢多少人呢？"

小王有一种被人捉弄的感觉。

3. 赞扬他人要因人而异

赞扬他人要因人而异，是指针对不同的对象，选择不同的内容和语气。

在公务交往中，面对德高望重的年长者，要用尊重的口气；面对年轻人，语气上可以稍带些夸张；对有疑虑心理的人，要尽量将话讲得很明确；而对思维敏捷的人则要直截了当。

赞扬的内容要因人而异。如果面对的是女士，要针对女士的心理需求，赞扬对方年轻、漂亮、有气质等。当面对男士时，要将对方比较风趣、幽默以及事业有成作为重要内容。老年人乐于接受肯定自己经验丰富、有所成就等方面的赞扬。

在赞扬他人时，我们还要考虑到，由于每个人的追求不同、爱好不同、兴趣不同等，赞扬他人时也要注意因人而异。比如：同样是老年人，有的老人喜欢听到身体很健康的赞扬，有的老人则喜欢听到德高望重的赞扬。如果能了解不同的人的心理需求，给出对方期待得到的赞扬，势必会收到更好的效果。

二、赞扬的实践

在公务交往中，赞扬可以是随机进行的，也可以是有准备的。

随机的赞扬，一般出现在交流中对他人值得赞扬的行为的发现，以及选择恰当的语言说出来。比如：在政府办公大厅与群众的交流中，当发现对方所带材料齐全时，我们赞扬道："您是一个心细的人。"如果发现对方签字很工整时，我们赞扬道："您的字很漂亮。"

这种随机的、简短的赞扬，比较适宜在节奏比较快的办公大厅工作中实施。

再如：在办公室工作中，如果发现同事做事的效率很高，我们赞扬道："你的办事效率让人佩服！"

又如：在谈判的场合，如果发现对方语言能力很强，我们赞扬道："您的语言能力让人折服。"

有准备的赞扬，往往是在对他人价值取向的了解，以及对他人长处了解的基础上的赞扬。

比如：当一位女士带着孩子到来时，赞扬孩子比赞扬女士的效果要好很多。

又如：在国内某团体与日本的谈判中，进行至磋商阶段，当双方相持不下时，中方人员笑着对日访的主谈讲道："您的交谊舞跳得很好，这是我很早就知道的。跳舞时，在一方上一步时，另一方退一步，才能使两个人比较平稳、比较和谐地将一支舞跳好……"这一赞扬，这一比喻最终使双方比较顺利地达成了协议。

赞扬，面对个人，可以起到增强信心、积极向上的作用。

赞扬，面对集体，可以起到促进团队建设的作用。

赞扬，对于社会，还可以起到获得群众的支持，使其乐于配合我们开展工作的作用。

思考题

（1）举例说明公务交往中赞扬的重要性。

（2）请每天提醒自己，在与他人的交往中发现他人的长处，并讲给对方听。

第八节　讲究说服他人的技巧

孟子是一位很有智慧的人。一天，怀有野心称霸天下的齐宣王问孟子："像我这样的人能不能统一天下？"

孟子深知当时齐国人民生活的困苦，他决定说服齐宣王收回这一想法。他看着齐宣王不动声色地说道:"在我回答大王的这个问题之前,我想先问大王一件事,可以吗?"

"是什么事?"齐宣王好奇地问。

"在新钟铸成,准备杀牛祭钟时,您因为不忍心看到牛无辜被杀,便予以制止,这是真的吗?"

齐宣王听后很是高兴,连连点头,他为自己做了这件善事而得意,也为孟子没有忘记这件事而高兴。

孟子继续说道:"大王,凭您这副慈善心肠,是可以行王道、统一天下的,就看您肯不肯这样做了。比如有人说:'我力能举起千斤东西,但是,却举不起一根羽毛。眼睛能看得清毫毛,但是,却看不见满车的柴火。'您相信这话是真的吗?"

齐宣王脱口而出:"我怎么能相信这种话呢?"

孟子笑着说道:"这就对啦!所以如果有人说,大王您能用好心对待牛,却不能用这种好心去爱护百姓,这也同样叫人不能相信。现在,老百姓之所以流离失所不能安居乐业,这是您不去关心他们的缘故。所以我说,您能统一天下,是您不干,不是不能啊!"

齐宣王听后,欣然接受了孟子的建议(图5-2)。

◎图5-2

孟子是智慧的,他的夸赞使齐宣王得到了好心情,之后,他又通过讲事实和做对比的方法说服了齐宣王。

我们深知,在公务交往中,与他人交谈的目的是互相了解、增进感情、达成共识。交谈中,当对方不接受自己的主张时,我们要选择积极的方法说服对方。

我们建议大家通过情感投入法、事实法和对比法说服他人。

一、用情感投入法说服他人

让我们先来分享发生在某工商所的一个案例,案例的主人公是工商所的一名工作人员。

一个商户的房子因属于违章建筑被拆除，改建为公共厕所。这位商户又在公共厕所旁重新搭建了一间平房，他要用这间违章建筑房来办理营业执照。

他认为不给他办理执照是工商所故意卡他，曾气冲冲地来到所里多次，并放出话"不给个说法就绝不答应"。

有一天，这名商户喝完酒又来了，我微笑地迎上去问候道："您来了，请坐，我给您倒杯水，有什么事情需要我帮助您办理？"

他喝着水滔滔不绝地讲起了事情的原委，我面带微笑静静地认真听着。我想："也许他就是要倾诉、要发泄。他可能也知道自己理亏，但是，被砸了饭碗的事情，搁谁身上都会不好受。"

他唠叨了半个小时左右停了下来。我态度和蔼地向他讲明了政策法规的严肃性，以及对他面临的困境的理解。之后，他站起来说："我谁都不找了，其实我就是赌气，为拆迁的事我跑了不知道有多少次了，每次他们都是没等我说完就把我打发走了，您说，我能不生气吗？"

他看着我，一副无奈的样子继续说道："这次你接待我，一直耐心地听我讲。我也知道这事你管不了，也不是你的工作职责。但是，你听了，而且是认真地听，这让我很感动，我的气也消了。我回去赶紧想办法找新的经营地点，谢谢你。"

这名工商所的员工讲道："这件事对我的触动很大，作为政府工作人员，我们应当如何看待自己的工作，如何对待手中的权力，如何认识百姓对我们的期待，是我们应该认真思考的问题。也许我们的一个动作、一个眼神、一句话，都会影响政府的形象，影响事态的变化。我认为，在工作中，始终保持热情的态度，使用和蔼的言语、微笑的表情，给予当事人的感觉就是真诚的，问题解决的效果也是不同的。如果我们用平易近人的态度，细致耐心地进行解释说明，大多数百姓是能够理解和接受的，我们既对国家的法律法规进行了宣传，也争取了百姓对政府部门的支持与理解。"

我们发现，在这一案例中商户的实际问题并没有得到解决。但是，商户却比较满意地接受了政府的法令法规。是工作人员对商户的理解打动了商户，是工作人员的真诚打动了商户。

所以，在说服他人时，真诚地站在对方的角度，以情动人是我们始终要坚持的做法。

二、用事实法说服他人

在群众到政府的房屋交易中心交房产税或是过户时，要出示各种证件和材料。群众来办理业务时，会经常出现材料不齐全，无法办理的情况。因为对方取号等待了很久，当听到无法办理业务时其心情往往是比较负面的，这更需要我们用友好的态度说服对方。

所以，比较简单地告之对方"您的材料不全，无法办理"，或"您必须出示材料才能办理"，都会使对方难以接受。

此时，告之对方材料不齐全无法办理的原因是容易使其接受的。比如："材料齐全，才能保障您的财产是安全的。"

又如：

一名群众情绪激动地说道："政府应该为我们下岗职工多想想，特殊情况应当特殊解决，要是能有其他的生活出路，谁愿意干个体户啊！你看人家××区、××区住宅楼解禁后就可以办照经营了，怎么一到咱××区就不成了！"

办公人员回答道："我明白您的意思，那两个区确实存在您说的这种情况。那是因为开发商在立项建房时，从设计到建设的规格都是以办公楼的形式……工商局正是根据这一实际情况给对方办理了执照。你说我说的对吗？"

这名群众说道："您说的也是，咱也不是那无理取闹的人，我也在国企干了快三十年了，也是受党教育多年了，知道什么是规矩。谢谢您的解答！"

任何政府的法令法规背后，都有其客观原因。我们在说服对方时告之对方原因，比告之对方结论更为重要。

三、用对比法说服他人

在公务礼仪培训中，我们曾通过情景演练，组织学员说服一位"只喝白开水，不喝茶水"的人接受茶水，并建议学员采用"通过对比，说服他人"的技巧。

现在，我们用表格的形式完成茶水与白开水的组成及功效的对比（表5-1）。

表5-1

茶水	组成	水	茶多酚	维生素	碱类（茶碱等）
	功效	解渴等	杀菌、抗肿瘤等	美容、提高人体免疫力等	醒脑提神等
白开水	组成	水	无	无	无
	功效	解渴等	无	无	无

我们发现，通过对比可以使拒绝茶水的人感觉到，自己的思路和做法有偏差和漏洞，这种方法能使他人在对比中权衡利弊，最后放弃自己的观点，改变自己的行为。

在运用说服的技巧时，要注意了解对方的感受，设身处地为对方着想，这样才容易打动对方。说服他人时语言要明确、神情要平和、语气要和蔼。要善于开导和启发，要讲究方式方法。

思考题

（1）反思自己在公务交往中，说服他人时做得比较好的地方，并坚持下去。

（2）找出自己在公务交往中，经常使用的结论式的语言，再找到此结论的根据是什么，并用于公务交流的说服他人之中。

第九节　讲究拒绝他人的技巧

在公务交往中，总会遇到一些让我们感到很难过，或使我们的自尊心受到伤害的事情。这样的事情来自很多方面。比如：在遭到他人生硬的拒绝时，我们会很难过。

当我们满怀期待地向他人提出一个建议时，如果得到的是生硬的拒绝，自己的情绪会受到很大影响，甚至会产生怨恨对方的心理。

任何人都有因为力不从心或是权限太小，而不得不拒绝他人的时候。在拒绝他人时，我们要做的是，寻找比较科学的拒绝他人的方法。我们首先来看一段对话，之后，通过总结找到拒绝他人的好方法。

> 甲：最近天气很好，明天我们去逛街好不好？
> 乙：这个建议不错，我很长时间没去逛街了！
> 甲：那太好啦！
> 乙：不凑巧的是，明天我已经有了安排。
> 甲：……（皱着眉头，没有应答，一副很失望的样子）
> 乙：你看我们这样安排可以吗？下周你哪天方便，我们一起去逛街。
> 甲：也好，那就定在下周吧。

在上面的对话中，乙用比较委婉的方法拒绝了甲的邀请。拒绝他人的方法有以下三种：

一、说明拒绝的原因，取得对方的谅解

在上边的对话中我们看到，乙并不是用很生硬的回答"不行""我没有时间"来拒绝甲，而是用"已经有了安排"为由来拒绝甲的邀请。

拒绝对方总是有原因的，可以将拒绝的原因讲述给对方，这样能比较好地取得他人的谅解。

20世纪60年代末，一个阿尔巴尼亚的政府代表团访华，他们提出了一个庞大的、要求中国援助的项目清单。当周恩来总理非常委婉地拒绝这一中国难以承受的援助时，对方很不理解，他们认为中国是个大国，这点援助算不了什么。这使双方的会谈陷入了僵局。在这种情况下，周恩来建议暂时休会，次日陪他们去看看中国农村的现状。

当天下午，周恩来召集有关部门参加会议。周恩来说道："明天我陪他们（指阿尔巴尼亚客人）去大寨参观。"并特别叮嘱，不要让当地的接待部门不切实际地用山珍海味来款待客人，而要让他们尝尝中国农民日常吃的粗粮，比如：窝头、老玉米、小米粥等，如果用肉菜招待，有一两个菜就够了。

第二天上午，周恩来陪外宾乘直升机来到了大寨。参观结束后，周恩来同外宾入席就餐，看着一桌简朴的饭菜，周恩来说道："今天，大寨人为了招待大家，增加了一两个菜，平时他们吃的比这简单多了。"他还说道，

"我们国家虽然比你们的大，但也存在许多困难，我们的农民生活很贫困，恐怕还比不上你们。我们给你们的援助是勒紧我们的裤带挤出来的。"

次日，在双方继续会谈时，阿尔巴尼亚负责人表示，他们理解了周恩来拒绝他们的理由，并且当即表示愿意收回最初的要求。

二、先肯定对方，后拒绝对方

乙在拒绝甲之前，首先肯定了甲提出了一个自己很喜欢的建议，甲在得到对方认同后会获得好的心情。这样做会使甲的负面情绪降低一些。

卡耐基在《成功之道》一书中写道："人际交往中，当给一个人吃一颗药之前，要先给他吃一颗糖。这样做，对方对苦的感觉会降低。"

在公安局某派出所，一名群众来开具证明材料。

当办公人员查看了对方提供的户口簿时讲道："您居住地址的门牌号码已经变更，需要您到社区居委会开一个证明材料。"

对方听到要回居委会开具证明时，马上质问道："原来的门牌号码是你们给的，现在的门牌号码也是你们给的，都是你们给的，还开什么证明呀！"

"对不起！这是工作程序，请您配合一下好吧？"办公人员耐心地解释着。

这名群众听后情绪激动地说："你别跟我耍官腔，你们的工作程序跟我有什么关系。"

办公人员听后说道："我非常理解您的心情，您肯定是有急用才来开证明材料的。您起个大早来了，现在又无法办理，这种事放在谁的身上都会着急。"

对方听到这里说道："你这么说就对了，你说我容易吗？我大老远地跑来了，结果，你一句话就给我打发了。"

"对不起！让您生气了。开具证明是因为居委会对您家最了解，这样做，才能保障……"

最终，这名群众接受了工作人员的建议。

三、提出合理的建议，表达真诚的态度

乙的拒绝是负责任的、真诚的。在自己没有办法接受甲的邀请时，他并没有选择简单地拒绝，而是提出了"下周你哪天方便，我们一起去"的建议，这样就能很好地避免甲出现挫折感。

工作中，我们在维护国家利益时，不但要坚持原则，还要在可能的情况下给出建议，帮助对方。

在公务交往中，我们还会遇到一些不便直接表态的难题。除了以上三种拒绝他人的方法外，我们还可以使用转移和回避的方法来巧妙拒绝对方。

在一次记者招待会上，一位西方记者问周恩来总理："周总理，请问贵国国库有多大实力？"

周总理想了想说道："这个问题提得好，我们的国库中一共有18块8毛8的实力。"

听到周总理的回答，在场的所有记者都大眼瞪小眼，他们不明白周总理这是什么意思。通过解释，记者们明白了，周总理的意思是：当时人民币的面值，以元为单位的相加正好是18元，以角为单位的相加是8毛，以分为单位的相加是8分。

当对方提出很棘手的问题时，可以采用这样避实就虚、答非所问的方法，这样既能维护自己的利益，也能让对方比较乐于接受。

思考题

- -

（1）为什么要讲究拒绝他人的技巧？

（2）陈毅在世时，在一次招待会上，记者问陈毅道："请问，中国是用什么武器击毁了苏联的侦察机的？"陈毅的回答非常智慧。请问：陈毅的回答是什么？为什么这是智慧的回答？

第十节 接打电话的技巧

面对面交流与电话交流有什么区别?

我们通过表5-2来做一下比较。

表5-2

项目	面对面沟通	电话沟通
语言	声音	声音
非语言	表情 体态 眼神 声调 语速 语气	声调 语速 语气

通过比较我们发现,在交流中接打电话的双方只能通过语言的声调、语速以及语气来判断彼此的意愿及情感。这就要求我们在接打电话时不但要组织好语言,还要讲究声调、语速和语气。

在接打电话时,我们要遵守下列三个原则:

一、礼貌的原则

接打电话的礼貌,建议大家从以下方面做起:

1. 礼貌地问候和主动地自报家门

在接电话时,要说:"您好!我是×××单位的×××。"

我们要这样问候,还要这样自报家门,而不应该出现"喂,喂"等语言。

在询问对方找什么人时,不要出现"请问您找谁?"而应该询问:"请问您找哪位?"

在主动打出电话时,当听到对方的问候和自报家门后,要热情地问候对方并自报家门:"您好!我是×××单位的××,请问××先生在吗?"

2. 要微笑着接打电话

一个哭丧着脸的人不会有好的心情,有这种坏心情的人不可能用和蔼可亲的语气与他人交流。在接打电话中,双方虽然都看不到对方,但是,双方通过语气等可以感受到对方是否热情。

日本的一家公司，在每位接线人员的对面都放着一面镜子，并要求接线员在接、打电话时，检查镜子中的自己是否在微笑，公司期待接线人员能够树立良好的团队形象。

作为公务人员，我们也要这样做。

3. 要礼貌对待串了线的电话

当电话串了线时，如果我们听到对方不耐烦的"打错了"或"不对"的否定，再听到对方重重地将听筒挂上时，肯定会很不开心。

所以，对待串线电话，要本着体谅他人的原则耐心接听，并要告之对方："对不起，这里是×××，电话号码是×××××××××。"

如果我们拨错了电话，要礼貌地向对方表示道歉："对不起！是我打错了。"

4. 接打电话时要规范体态

接打电话时要保持良好的体态。不能歪着身子，不能趴在桌子上，不能吃东西、喝水等。

如果体态不端正，会直接影响到我们的声音。吃东西、喝水的声音也会传给电话的另一方，这些不良的体态和习惯会给他人带来比较懒散的感觉。

5. 通话完毕，要待对方先挂电话

出于对他人的礼貌，电话礼仪要求我们，待对方挂电话后我们再挂电话。

6. 不要让电话铃声响得太久

在电话铃声三响之前，我们就要拿起听筒。如果耽搁了，在拿起听筒后要首先道歉："对不起，让您久等了。"作为打电话的一方，则要耐心等待，不要流露出不耐烦的情绪，更不能用不礼貌的语言指责对方。如果是打往私宅的电话，更要做到耐心等待。

7. 选择好打电话的时间

打往对方单位的电话，要避开刚刚上班或马上下班的时间会比较好，这样做会使对方比较从容。

不要在午休、用餐、深夜时间打电话，以免影响他人休息。如有急事不得不打扰他人时，则要在接通电话后首先道歉。

如果是拨打国际长途，则要注意时差，选择适宜的通话时间。

8. 电话交流中要积极应答

我们可能有这样的经历，在接、打电话时，我们或对方有时会问道："你在听我说话吗？"人们为什么会这样问呢？是因为听电话的一方沉默的时间太长，讲话的人认为其没有注意听，或者是认为电话中断了。所以，

在接、打电话时要做好应答。我们常用的应答语有："是的。""你说得对。""很好。""请继续讲。"等。

9. 电话需要中断时要礼貌

接打电话时，要将其他的事情暂时停止，如果需要中断电话时，要向对方说明："对不起，请稍等。"尽快将事情处理完毕，以免让对方久等。如果要处理的事情需要很长时间，要向对方说明，采取暂时挂机，之后再继续通话的方法。

10. 善始善终，保持礼貌

电话交流中，在我们向对方表示感谢时，如果感谢的话还没有讲完对方就挂机了，这无形中会带来小小的不愉快，我们还会猜测对方是不是有些不耐烦，或是我们有什么话说得不妥，因而对方急于挂电话。所以，我们打电话应做到善始善终。

结束时要道谢，比如："非常感谢！""谢谢您的帮助与支持！""再见！"

二、接打电话要准确无误

某单位的一位工作人员，曾经由于听错了对方要找的人的名字，而恰巧要找的人又不在，结果使一场约会出现了尴尬的场面。所以，接打电话一定要准确无误，我们可以从以下几个方面做起：

1. 准确记录

养成准确记录的好习惯，一般电话记录的内容有这样几方面：

何时_____，何地_____，何人_____，何事_____，
如何处理_____。

2. 重要内容要复述

接打电话时，要将对方电话中谈到的时间、地点、电话号码、数字、重要事情等准确记录下来，为确保无误，还要复述一遍。比如："王女士，您的电话号码是××××××××，对吗？""请问，您是明天上午8点到，对吧？"

3. 吐字清楚才能确保准确

在电话应对中，吐字不能含糊不清，吐字不清容易让对方无法分辨要传达的内容。

4. 通话要突出重点，讲究顺序

电话交流时不能东一榔头西一棒子，要逐一将事情讲清楚，语言要简明扼要，突出重点。对容易误解的内容要加以强调或询问对方"我说清楚

了吗?"在打电话前整理一下自己的思路,就会做得比较好。

三、接打电话要突出"效率"

◎图5-3

电话自问世以来, 大大方便了人与人的交往。但是,并不是有了电话,就有了效率。 那么, 怎样接打电话才能体现出效率呢? 我们尝试着从以下四个方面做起:

1. 电话铃响后要快速接听

这与我们前面讲的,出于礼貌,在铃声三响前拿起听筒是不矛盾的。尤其是办公电话,对方很可能铃声三响后就会选择放弃。

2. 养成左手拿听筒的好习惯

多数人习惯用右手拿听筒, 当遇到需要记录的电话内容时,再换手做记录。这样容易导致忙乱。要左手拿听筒,右手执笔,随时准备记录(图5-3)。

3. 要找的人不在时,要询问何时联络

与对方联络不上时,要询问接电话的人,对方何时回来,为下一次联络成功做好准备。

4. 写好备忘录

为了能将交流的内容讲述清楚,为了能使交流的内容不出现遗漏,在打电话前要写好备忘录。备忘录中要标记有几个问题需要做交流,大致的内容是什么,重点内容要怎样讲述才能引起对方注意等。

思考题

---

(1)请通过接打电话,分享面带微笑与没有微笑交流时声音有何不同。

(2)请完成一个电话记录。

(3)请反思以往接打电话中,做得比较好的地方以及做得不太好的地方。

第六章
办公礼仪

办公礼仪是公务人员需要遵循的基本礼仪。办公礼仪主要体现在把握好三个关系以及公文礼仪、汇报礼仪、调研礼仪、信访礼仪、会议礼仪、仪式礼仪等方面。

第一节 用"尊重"开启愉快的办公关系

上下级的相处之道，似乎很难用一个或几个法则来描述和概括。什么是级别？就是等级的区别和等级的高低次序，这是公务人员必须遵循的。每个公务人员的工作都离不开上下级的支持以及同级人员的鼎力相助，因为集体的力量远远超越个人的能力，而每个公务人员应该做的是获得领导同事的支持，最大化地发挥自身的工作潜能，而不是让彼此之间的关系成为内耗或者使才能没有得到充分发挥。

我们也可以从周亚夫的经历中获得一些启示。周亚夫是谁？他是西汉时期的著名将军，是名将绛侯周勃的次子，在历史上也是非常有名的军事家，在七国之乱中，他统率汉军，三个月平定了叛军。

汉文帝后元六年，匈奴大规模侵入汉朝边境。朝廷委派宗正官刘礼为将军，驻军在灞上，祝兹侯徐厉为将军，驻军在棘门，委派河内郡太守周亚夫为将军，驻军细柳，以防备匈奴侵扰。

皇上亲自去慰劳军队。到了灞上和棘门的军营，驱驰而入，将军及其属下都骑着马迎送。随即来到了细柳军营，只见官兵都披戴盔甲，手持锋利的兵器，开弓搭箭，弓拉满月，戒备森严。皇上的先行卫队到了营前，守卫不准进入。

先行的卫队说："皇上将要驾到。"

镇守军营的将官回答："将军有令：'军中只听从将军的命令，不听从天子的命令。'"过了不久，皇上驾到，将官也不让入军营。

于是皇上就派使者拿了天子的凭证去告诉将军："我要进营慰劳军队。"周亚夫这才传令打开军营大门。

守卫营门的官兵对跟从皇上的武官说："将军规定，军营中不准驱车奔驰。"于是皇上的车队也只好拉住缰绳，慢慢前行。

到了大营前，将军周亚夫手持兵器，作揖说："我是盔甲在身的将士，不能跪拜，请允许我按照军礼参见。"皇上为此而感动，派人致意说："皇帝敬重地慰劳将军。"劳军礼仪完毕后辞去。

出了细柳军营的大门，许多大臣都深感惊诧。文帝感叹地说："啊！这才是真正的将军。刚才灞上、棘门的军营,简直就像儿戏一样,匈奴完全可以通过偷袭而俘虏那里的将军,至于周亚夫,岂是能够侵犯他的吗?"对周亚夫赞叹不已。过了一个多月,三支军队都撤防了,文帝就任命周亚夫做中尉。

此事足以说明周亚夫做事严谨、治军有方,是个人才。但这样一个国家的栋梁之材,原本应该是为国家尽忠效力,让自己的才能为国家和百姓发挥作用的人,虽然最初凭借其军事才能也确实获得了领导的认可和支持,最后却渐渐被领导疏远,甚至为自己引来了杀身之祸。这一点却又与才能无关,越来越紧张的上下级关系,才是导致悲剧的最重要的原因。

公元前152年,丞相陶青有病退职,景帝任命周亚夫为丞相。最初,景帝对他非常器重。但由于周亚夫的耿直,不会讲政治策略,结果逐渐被景帝疏远,最后落个悲剧的结局。

有两件事导致了周亚夫的悲剧。一件是皇后的兄长封侯,一件是匈奴将军封侯。窦太后想让景帝封皇后的哥哥王信为侯,但景帝不愿意,说窦太后的侄子在父亲文帝在世的时候也没有封侯。窦太后说她的哥哥在世时没有封侯,虽然侄子后来封了侯,但总觉得对不起哥哥,所以劝景帝封王信为侯,景帝只好推脱说要和大臣商量。

在景帝和周亚夫商量时,周亚夫说:刘邦说过,不姓刘的不能封王,没有功劳的不能封侯,如果封王信为侯,就是违背了先祖的誓约。景帝听了无话可说。

后来匈奴将军唯许卢等五人归顺汉朝,景帝非常高兴,想封他们为侯,以鼓励其他人也归顺汉朝,但周亚夫又反对说:"如果把这些背叛国家的人封侯,那以后我们如何处罚那些不守节的大臣呢?"景帝听了很不高兴:"丞相的话迂腐不可用!"然后将那五人都封了侯。周亚夫失落地托病辞职,景帝批准了他的要求。

辞职后的周亚夫并没有轻松起来。他的儿子见他年老了,偷偷买了五百甲盾,准备在他去世后发丧时用,当时甲盾是禁止个人买卖的。周亚夫的儿子给佣工的期限少,还不想早点给钱,结果,心有怨气的佣工就告发他私自购买甲盾是要谋反。景帝派人追查此事。

在最高司法官廷尉审理此事时,廷尉与周亚夫有一段对话:

廷尉问:"君侯为什么要谋反啊?"

周亚夫答道："儿子买的都是丧葬品，怎么说是谋反呢？"

廷尉讽刺道："你就是不在地上谋反，恐怕也要到地下谋反吧！"

周亚夫受此屈辱，无法忍受。于是绝食抗议，五天后，他吐血身亡。

景帝在得知周亚夫死讯后，怒气未消，下令绝其侯国，不准周亚夫之子嗣为侯。一代大功臣，从受宠、器重到不满、冷落、戏弄以至被害。周亚夫为了国家社稷，置自己生死于度外，却不料落个如此悲惨的下场。

司马迁在《史记》中对他称赞的同时也为他惋惜，说他因为过于耿直，对皇帝不尊重，结果导致悲剧，令人慨叹。

"尊重"是维护好上下级关系的一个重要前提，心有尊重，讲话时就会考虑对方的感受，一样的意思，不同的表达方式就可能产生完全不同的结果。

以称呼为例：尊重上司、年长者、资历深者，从内心尊重他们才能够在称呼的语气和内容上体现出来。对所有的上司和同事应有一个平等心态，千万不要在称呼上分出彼此的远近亲疏，这会给工作带来不必要的麻烦。比如和哪个领导关系比较好，或比较受某个领导的赏识，千万要注意好分寸，不可让领导觉得太过亲热不自在，也避免引起其他同事的反感。不要自以为是地对领导使用一些亲昵的称呼，每一个领导都希望在员工面前树立自己是一个公平公正的领导形象，一声过于热络的称呼反而会给领导增添不必要的麻烦。还有对一些年长而职位不高的人，不要轻视或轻蔑。无论职位怎样，对单位的一些年长的员工都应该予以尊敬，一个体贴的称呼非但不会令你损失什么，相反可能会为你个人加分许多。如果能够带给别人轻松快乐的体会，为什么一定要硬生生去戳别人的痛处？比如称呼比自己年长同事的官职或是尊称为"老师"是比较恰当的做法，如果随便称呼一个年长者为"老李头"可能就伤害了良好的同事友情。心怀尊重之情，语言就会充满谦恭，令对方感到愉快。

曾经有机构做过一项以"最理想的上下级关系"为主题的调查。

在这项调查中，认为最理想的上下级关系是"亦师亦友"的最多，占总数的34.5%，其次为"上司掌舵，员工划船"，还有17.7%的受访者选择了"泾渭分明，各尽其职"的上下级关系，选择"如同鱼水"的占到了12.6%，而认同"领导与员工是一家人"的只有7.3%。从调查中我们发现，在上下级关系中，大多数人选择的是在工作中彼此能够有帮助或获得提高的"亦师亦友"，因此，能力是非常重要的，专注工作的态度是非常重要的，当然更重要的是能够宽容相处，彼此尊重，这样才有可能产生"亦师亦友"的关系。

领导者是人民的公仆，要坚持全心全意为人民职务的宗旨，应以大度和开放的姿态接受下级和同事的建议。领导者要和下级和睦相处，取得了解与信任，赢得领导威信。要学会宽容、谅解下级，如果下级在态度、言行上对领导有所冒犯，不必挂在心上，要主动表示谅解，消除对方心理压力和紧张情绪。

下级作为被领导者，要维护领导的威信，遵守组织原则，服从分配，积极工作。当领导工作出现差错时，要提出善意的批评和建议。与领导发生矛盾分歧时，要宽宏大度，和气坦率地向领导讲明自己的观点和态度，不要针锋相对，大吵大闹，激化矛盾。

在西方有句流传甚广的话：No one can be the best, but a team can be. 也就是说一个人也许没有办法把事情做到最好，但一个团队就能够完成。一个团队同心协力、目标一致是使工作顺畅的基础和条件，团队成员之间彼此信赖和尊重则会使团队具有凝聚力。良性、愉快的办公关系是创造工作奇迹的前提，所有成员都能够取长补短各尽所能，将精力专注于工作层面，才能够使工作富有效率。心里对同事有尊重之情，言行举止自然会体现出友好的态度，而导致办公关系不融洽的往往并非重大问题，也许就是一些细节伤害了领导、同事，因此，"尊重"是创造良好办公关系的基础。融洽的工作环境能够激发大家的工作热情，因此，不要抱怨环境，不要满腹怨怼，不要消极懈怠，不要认为怀才不遇，不要觉得自己都是对的。当我们能够怀着尊重他人的念头去面对领导和同事时，就会发现无论是提出的建议还是完成的工作，获得认可和支持的可能性都会大大增加。

这个世界只有团队成绩，没有个人成绩，因此也没有所谓的"第一名"。怀揣着"尊重"处理办公关系，我们的人生将从黑白转为彩色，我们将描绘出美好的蓝图和前景。

思考题

（1）在向领导汇报工作之前应该做哪些准备？

（2）同事关系紧张，除了重大问题上的矛盾和直接的利害冲突外，缺乏礼仪修养、不注重细节也是造成关系不融洽的原因。哪些言行会影响同事间的关系呢？

（3）试分析一下，下例中的小王为什么受人欢迎。

小王是新分到某政府机关的一名员工，按理说新人初入一个新的工作环境，最难做到的就是快速融入集体，但是不到一周的时间，他似乎就与大家熟悉了。

每天早上，他都像清晨的第一缕阳光一般照亮办公大楼，与每一个碰面的人热情地打招呼，脸上总带着温暖的笑容。和他一同分来的新员工小赵对此不屑一顾，觉得不管认识不认识就打招呼很唐突、可笑。

小王似乎也没有说什么多余的话，只是在与人交谈或碰面时脸上总带着和悦、友好的笑容，似乎很少着急或是生气。不论是让他帮忙复印材料还是让他帮忙去取份文件，他都会满脸笑容地应允，一点也不嫌麻烦。在向领导汇报工作之前，他也会先向上级领导微笑点头致意，然后才开始有条有理地汇报工作，似乎他也很少被领导批评。

这让小赵觉得很不公平，因为在大学期间，他的学习成绩要比小王好很多，可是似乎领导总是能找到他工作的纰漏。有时，他想向老员工请教一些问题，大家似乎也不太热情和主动。小王却不同，好像能够处处遇到贵人，每次他遇到难题总有同事帮忙。小赵非常困惑，这到底是怎么了？

第二节　把握好三个关系

公务人员在工作过程中，离不开上级领导，以及平级和下级同事们的帮助。与同事相处时，应当注意遵守工作交往的礼仪，以便把握好自己与上级、平级以及下级同事的关系，这样才能为我们的工作营造良好的人际氛围，使我们的工作能够进展得更加顺利。与同事们关系融洽，还有利于我们保持良好的心理状态，能够时刻以饱满热情的状态投入到新的工作中。

一、把握好与上级的关系

上级，是指同一组织、系统中，职级较高的单位或个人。

平时在制订工作计划、工作进展过程中或工作结束时，都应适时将需要汇报的情况，及时向直接上级汇报。除特殊情况外，不要越级汇报，否则会给上级的工作造成困难。

公务人员在工作当中应当尊重上级，正确领会上级意图，听从上级指挥。有不同看法时，应在适当的时候、适当的场合向上级汇报，不可随意与上级争辩，否则会影响工作的进展，也会影响与上级的关系。

受到上级批评时，应当以积极的心态面对。"有则改之，无则加勉"，不要以消极情绪面对批评，应当理智地分析具体情况，从中找到改进工作、改善沟通的机会。以正确的方式面对批评，是公务人员成熟和具有职业素养的表现。不要因为受到批评就对领导怀有偏见和敌意，这些情绪都影响我们对客观事物的认识，影响与上级的正常工作关系，为今后的工作埋下隐患。

如果真的错了，就真诚地承认并在今后的工作中加以改进，不要找任何借口，也不要推卸责任；如果没有错，就待上级情绪平复之后，找合适的机会加以解释，消除上级对自己的误解，这才是正确的做法。知错就改的人，会很快得到上级的谅解和同事的尊重。

对上级有意见时，应尽量与上级约时间当面、单独沟通，不要找其他人发牢骚，否则不但解决不了问题，还会使问题和人际关系都变得更加复杂和难以处理。

平时要尊重上级，以礼貌的方式与上级相处，例如，在工作场合应以尊称来称呼上级，与上级保持恰当的人际距离，不随便开上级的玩笑等。遇到问题要虚心向上级请教，不要当面顶撞上级，也不要当众给上级纠错、揭短，这些做法都是缺乏修养的表现。

二、把握好与平级的关系

与平级同事相处时，应当互相尊重。

关系好不等于没礼貌，不能随便开同事的玩笑，不能以绰号称呼同事。无论是很熟的同事还是不熟的同事，平常见面时都应当主动问候对方。打招呼是很简单的事，但是能够传递出我们对同事的关注和热情。不要把同事的错误当笑料，不要随意传播同事的隐私，不要取笑同事的习惯和爱好。

与平级同事共同工作时，应主动承担自己应尽的责任，涉及利益问题时，不要与同事争抢。无私奉献的人，人际关系通常都很好，别人也乐于帮助他；自私自利的人，在团队中最易受排斥。谦逊相处、诚实待人，是尊重他人的表现。

做错事情影响到同事工作，或无意中伤害同事感情时，应主动向对方道歉，争取对方的谅解。"人非圣贤，孰能无过"，同事犯错时也要宽容以待，不要抓住别人的错误喋喋不休地反复提起或到处宣扬。自己有超过同事的地方时，应主动帮助同事共同进步，不要以自己的长处作为炫耀的资本来打击同事。

与同事合作的过程中要多与对方沟通，不要以自我为中心，自以为是，不要把自己的想法强加给别人。不要将情绪带到工作中，遇到不满时不能对同事乱发脾气，也不要逢人便诉苦，这是缺乏自控力的表现，也可能会伤害同事的感情。

与同事有不同意见时，不要随意争辩，应耐心倾听，站在对方的立场上思考问题，耐心解释，求同存异。不要传播有关其他同事的闲言碎语，这样做会搅乱单位的人际关系，严重影响到工作。不要对某些同事存有偏见，不要在单位里拉帮结派。同事有困难的时候要热情帮助，同事有成就时要真心赞美。

三、把握好与下级的关系

作为上级，要以优秀的人格魅力、良好的外在形象、脚踏实地的工作作风、诚信的职业道德为下级树立良好的榜样。

尊重是礼仪的根本，上级在工作过程中要尊重下级，这样才能以实际行动赢得下级的尊重。对于下级来说，讲礼仪的上级会具有更多的亲和力；讲礼仪的上级更具有领导魅力；讲礼仪的上级更容易让下级愿意追随。礼仪的根本是内在的"德"，因此，上级要经常审视自己的领导观、权力观和得失观，善于听取下级的意见与建议，积极完善自身，努力提高思想道德修养水平。

在实际工作中，上级要经常注意自省，做到自觉自律，无论是着装、发型还是言谈举止，都要按照公务礼仪的规范要求去做，为下级做出表率。上级的行为对下级的影响力是潜移默化的，因此，上级一定要严格要求自己。

春秋时期，齐景公自从宰相晏婴死了之后，一直没有人当面指出他的过失，因此心中感到很苦闷。有一天，齐景公欢宴文武百官，宴席结束后大家一起到广场上射箭取乐。齐景公每射一箭，即使没有射中靶子的中心，文武百官也都会高声喝彩："好呀！妙呀！""真是箭法如神，举世无双。"

事后，齐景公把这件事情对他的臣子弦章描述了一番。

弦章对景公说："这件事情不能全怪那些臣子。古人有话说：'上行而后下效。'国王喜欢吃什么，群臣也就喜欢吃什么；国王喜欢穿什么，群臣也就喜欢穿什么；国王喜欢人家奉承，自然，群臣也就常向大王奉承了。"

上级要关心、爱护、帮助下级。对待下级应择人所长，容人所短，豁达大度，不嫉贤妒能。在用人上应从工作的角度用人之长，舍人之短，分工科学合理，不以感情的亲疏来定工作。当下级对自己有意见时，要认真与对方沟通，消除误解。要允许下级发表自己的见解，不要偏听偏信。

批评下级之前，应当认真了解实际情况，找到下级犯错误的根本原因，在批评时以理服人，不要以情绪压人。批评时应针对下级的行为，而不要贬损下级的人格。

思考题

（1）下级对上级要注意哪些礼仪？

（2）同事之间如何相处？

（3）上级应如何对待下级？

第三节　公文礼仪

狭义来讲，公文是指行政公文。根据国务院2000年8月24日发布、自2001年1月1日实施的《国家行政机关公文处理办法》（以下简称《办法》）的规定："行政机关的公文(包括电报，下同)，是行政机关在行政管理过程中形成的具有法定效力和规范体式的文书，是依法行政和进行公务活动的重要工具。"《办法》规定，我国行政机关现行的公文有13种：命令（令）、决定、公告、通告、通知、通报、议案、报告、请示、批复、意见、函和会议纪要。

广义来讲，公文是指党政机关、企事业单位和社会团体处理公务的文书，既包括《办法》中的13种公文，也包括各种专用文书，如司法文书、经济文书、社交礼仪文书等。本节着重介绍广义公文中的"日常工作事务类文书"格式规范。

一、书信的格式

目前我国国内书信的标准信封为横式，寄信时应选用邮政管理局监制印刷的不同规格的标准信封，书写时应将收信人的邮政编码准确地写在邮政编码方格内，并将收信人地址、姓名，以及寄信人地址、姓名和邮政编码写在规定的位置。字迹要清晰，以便信件能够准确无误地送达收件人。邮政编码要规整地写在方格内，方便机器分拣，这也是对邮政职工的尊重。信封上一般不使用标点符号，也不能用红色的颜料书写信封。

信封书写格式范例如下：

范例1

| 1 0 0 0 1 2 |

北京市西城区×××路×××号××××局综合处

王黎明（收）

北京朝阳区××路××号××××局机关办公室　张红
邮政编码：100027

除特殊情况外，书写信文应使用横写格式，并且要使用标点符号，便于对方阅读。信文的内容一般由称谓、问候语、正文、祝词、落款、附言等构成。

称谓是写信人对收信人的称呼，在第一行顶格书写，单独成行，其后用冒号。

问候语是信文的开头，常以问候语引出。

正文是书信的主题部分，是写信人对收信人要说的话。如果是回信，应先写明来信已收到，并适当回答来信中的问题。在公务书信中，正文的语言应条理清晰、冷静客观，措辞要礼貌恭敬。正文内容较多时，应分段书写。

祝词是信末的"祝颂语"，表示祝愿、勉励或敬意等，如"此致敬礼"。写"此致敬礼"时，"此致"可紧接正文之后，也可换行空两格写；"敬礼"则一定要另起一行顶格写。"祝您健康"可另起一行空两格写。

落款包括署名和日期。署名是写信人在正文结尾的下一行后半行处写上自己的姓名。日期一般写在署名下一行的后半行，要写清年、月、日以备查考。

附言是对正文的补充说明。附言前面往往加上"另""又"等字样。

信文格式范例如下：

范例2

> 尊敬的王老师：
> 　　您好!
> 　　我局设立公仆信箱的目的就是为了更好地畅通群众诉求渠道，加强与广大群众的沟通，了解群众的真实需求，并努力为群众解决实际困难。
> 　　对于您在信中反映的情况，我会责成信件承办单位认真调查，并请办公室加强信件的督办，尽快给您回复。
> 　　此致
> 敬礼
>
> 　　　　　　　　　　　××局××处　李鸿
> 　　　　　　　　　　　2020年2月19日

二、申请书的格式

申请书一般由标题、称谓、正文、结尾、落款五部分构成。

标题可以是"申请书"三个字，也可以是"申请要求+申请书"或"申请书——申请要求"，例如："项目开工申请书"或"申请书——请批准我成为光荣的志愿者"。

称谓在标题下空一行顶格书写，应当写明受理组织（或机关、团体、单位）的全称或规范化简称，后面加冒号。

正文应写清申请事项及申请理由、申请的决心和想法等。

结尾可使用敬辞、敬句，如："敬请领导批准""望能酌情予以批准"等，之后在下一行左起空两个字符写"此致"（或谨致），再另起一行顶格书写"敬礼"。

落款要写清申请人名字，集体申请可以写统称，众人签名一般另纸附后。申请人名字写在正文的右下方，申请时间（年、月、日）另起一行写在申请人下方。

填充式申请书应按固定格式填写。

申请书格式范例如下：

范例3

项目开工申请书

×××开发办：

　　兹我单位承担的×××工程（第××标段）项目，施工机械及其他设备已进场，项目部已组建，施工管理人员和工人已到位，具备了开工条件，现申请开工，敬请贵方审批为盼。

　　此致

敬礼

申请单位：×××

×××年××月××日

三、条据的格式

条据是用来处理临时性事务、起到说明或凭证作用的条文式专用文书。条据的篇幅一般较短，行文简洁，随用随写。条据有两种常见类型，即说明性条据和凭证性条据。

1. 说明性条据的格式

说明性条据由标题、称谓、正文、结语、落款构成。

标题是条据的名称，如"请假条""留言条"等，在第一行用较大字体居中书写。

称谓是收条者的名称。收条者可以是单位，也可以是个人。称谓的后面加冒号。

正文简述需要说明的事项，一般只有一段。

结语可用"此致敬礼"，在正文之下另起一行空两格写"此致"，再另起一行顶格书写"敬礼"，也可写祝颂语，如"谢谢""祝好"等。祝颂语在正文之下另起一行空两格书写，后面加感叹号或句号。

落款写在正文的右下方，包括署名，即写条者名称和日期。写条者名称可以是单位，也可以是个人。日期写在署名的下方。

说明性条据格式范例如下：

范例4

请假条

赵科长：

  本人因昨夜感冒发烧，今晨体温仍达38.3度，需去医院诊治，特此请假一天。敬请批准。

  此致

敬礼

王田田

2020年3月30日

2. 凭证性条据的格式

凭证性条据由标题、正文、结语和落款构成。

标题通常为文种名称，如"收条""借条""欠条""代收条""代领条"等，在第一行居中用较大字体书写。

正文在标题之下另起一行空两格开始书写，多用"今收到""今领到"等习惯用语开头。正文应用简明的语言写清需要立据的事项，如收到何人（何单位）、何种款项、何种钱币及其数量等。

结语，是在正文之下另起一行空两格书写"此据"二字，后面不加标点符号。

落款，是在结语的右下方署上立据者（个人或单位）的名称。如有必要，个人姓名前应写上"收款人""借款人""代领人"等字样。在署名的下方应写上立据的年、月、日。

凭证性条据格式范例如下：

范例5

收条

　　今收到王小红交来的课本费人民币贰佰叁拾陆元整（￥236.00元）。
　　此据

收款人：李东
2020年3月30日

四、证明的格式

证明是根据确凿的证据来证明某时间的真实状况或某人的身份、经历、学历、职称等真实情况，一般使用书信体，故亦被称为"证明信"。

证明由标题、称谓、正文、结语、落款、附项构成。

标题可写"证明"或"证明信"，也可在"证明"两个字之前写清事由，如"职称证明"。标题在第一行居中用较大字体书写。

称谓通常为单位名称，也可在单位名称后面加上对相关负责人的称呼，如"××局办公室负责同志"。称谓后面加冒号。没有固定收信者的证明信可以省略称谓。

正文在称谓或标题之下另起一行空两格开始书写，要写清需证明的事项内容。

结语是在正文之下另起一行空两格书写"特此证明"，后面不加标点符号。

落款是在结语的右下方署上证明者的名称。证明者可以是单位名称，也可以是个人姓名。个人姓名前可加上"证明人"等字样。在署名的下方写开具证明的年、月、日。单位署名一般应加盖公章。

附项是其他附加事项说明，如单位对于个人出具的证明是否属实的意见，或单位的地址、电话，以及证明的有效期限等。如有附项，应在落款下方另起一行，左起空两格开始书写。如有必要，可在右下方署上单位名称和准确日期，并加盖公章。

证明格式范例如下：

范例6

证明

×××公司：

　　李莉同志（身份证号110××××××××××××××××）的人事档案于2008年2月9日至今保存在我中心。该同志人事档案记载其现有职称为"讲师"。

　　特此证明

××市人事档案社会管理中心

2020年6月19日

（本证明有效期十天）

思考题

（1）请练习书写一封慰问信，慰问参加地震灾区援建工作的志愿者。

（2）请练习书写一份申请书，申请参加您最喜欢的业余活动小组。

（3）请练习书写说明性条据和凭证式条据各一份。

（4）请练习书写一份证明书，证明某同志的身份和学历。

第四节　汇报礼仪

汇报，是指汇集情况向特定的对象报告。在日常公务活动中，最常见的是工作人员向领导汇报工作，反映工作进展情况，或全面汇报各项工作，包括工作中的做法、经验、教训、困难等。汇报是上下级沟通的重要途径。

一、汇报工作的礼仪

1.明确汇报对象

向领导汇报工作时，应遵守"归口管理"的原则。通常应当直接找分管领导汇报，擅自进行多头汇报或越级汇报都可能给领导的管理工作带来不便。在找不到分管领导或该领导不对该工作负责任的情况下，才可以向分管领导的上一级领导或其他领导汇报。只有涉及综合性的问题，才适合向主持全面工作的负责人直接汇报。

2.把握汇报时间

因所汇报的工作内容具体情况千差万别，所以汇报的时间也要根据具体情况灵活掌握。例如，紧急的事情要立刻汇报，长期的工作可分期做阶段性汇报。总体来讲，要让领导能够及时了解工作的进度、工作的进展、工作的困难，才能更好地进行管理工作。

3.整理汇报的内容，选择汇报的形式

汇报工作之前，无论是口头汇报、书面汇报还是电话汇报，都应向领导汇报清楚内容重点，要求实事求是、内容全面、条理清楚、有根有据。

汇报有三种常见的形式：口头汇报、书面汇报和电话汇报。工作人员在向领导汇报时，应选择合适的汇报形式。

（1）口头汇报，是指当面向领导口头汇报工作。口头汇报的优点是能够面对面沟通，信息传递效率较高，且不易被对方误解。缺点是容易受到时间、环境和情绪的影响，信息内容的逻辑性和完整性一般较差。口头汇报适用于汇报紧急工作或较为简单的工作。

向领导进行口头汇报之前，除特殊情况外，一般应当约定时间，准时前去汇报。不要迟到，也不能早到，否则都会给领导的工作带来不便。进入领导办公室前，应先敲门，得到领导许可之后方可入内。领导未请坐不可随意坐下；领导请坐之后要稳稳地坐下，不要一直站着让领导仰视。汇报时要保持端庄仪态，不可乱动领导办公室的物品，也不可随意"窥视"领导的计算机屏幕上或桌上文件的内容。汇报时发音要准确清晰，语速、音调、音量要适宜。汇报过程中要尊重领导，有礼貌。领导发表意见时，不要插嘴打断，或是当即予以否定。领导示意会谈结束时，应整理好物品

起身告辞。

（2）书面汇报，是将汇报内容整理成文字，以直接递交、书信递交、电子邮件递交等途径向领导汇报工作。书面汇报通常可以较为完整系统、深入细致地汇报情况，缺点是时效性较差。书面汇报适用于不紧急的、需要全面反映情况的、复杂的工作。

各种情况的书面汇报会有不同的格式等要求，要按照规定完整书写。

（3）电话汇报，是指通过电话向领导汇报工作，它的优点是时效性强，不受时间、地点的限制。缺点是难以细致全面地汇报情况，并且容易产生沟通误解。电话汇报适用于汇报紧急情况，以及相距较远难以或没有必要进行口头及书面汇报的情况。

4. 重视汇报的反馈意见

向领导汇报工作之后，领导给予了相关内容的反馈意见时，一定要重视反馈意见，并根据这些意见改进工作，这样汇报才能取得真正的效果。

二、接受汇报的礼仪

2010年7月底，巴基斯坦遭受了历史罕见的特大洪灾，中国政府和人民立即伸出援手，给予无私帮助。时隔数月，中国国务院总理温家宝抵达巴基斯坦伊斯兰堡的第二天，在巴基斯坦总理吉拉尼的陪同下，专门听取了巴国家灾害管理局有关抗洪救灾情况的介绍和汇报。

当地时间18日上午9时许，在巴总理府6层一间宽敞的会议室里，温总理仔细听取巴基斯坦国家灾害管理局主席阿赫迈德的介绍和汇报。巴方此次受灾之重，令人心痛。温总理眉头深蹙，神情凝重。

随后，中国商务部副部长高虎城向中巴两国总理汇报了中方对巴抗洪援助的进展情况：目前，价值1.2亿元人民币的帐篷、发电机、食品、药品等救灾物资已及时送到巴受灾民众手中；中国还先后派出两批国际救援队和4架直升机救援队深入灾区参与救灾和医疗防疫工作；中国社会各界捐款捐物总额超过1400万元人民币。

"帮助是相互的。我们永远记得，每当中国遇到困难时，巴基斯坦朋友总是及时伸出支援之手。我们不会忘记，在新中国成立之初、被西方封锁的困难时期，是巴方向中国提供了通往世界的空中走廊；我们不会忘记，在2008年中国汶川大地震后，巴方把全国的帐篷都捐给中国。这深厚的情谊，是金钱买不来的！"温总理发自肺腑的话语，让与会者深受感动。

1.听取口头汇报的礼仪

听取口头汇报时，应尊重汇报人，准时等候、认真倾听、礼貌应答。不可一边听汇报一边做其他事情。要听取完整信息并做必要的笔录，不要随意打断汇报人说话。听取汇报的过程中，应不时以恰当的表情、眼神或简短的语言给予反馈。对汇报内容当中不清楚的问题可及时提出来，要求汇报者重复或解释。听取汇报时不要带着情绪去听，也不要轻易下结论。给予指导意见时，要严肃认真，但不要乱发脾气或随意斥责对方。

2.听取电话汇报的礼仪

听取电话汇报时，应注意保持礼貌、认真倾听。听不清楚或听不懂的地方要及时请对方再次说明。汇报结束前，应与对方核实报告内容要点。注意保持态度冷静，发音要清晰，措辞要礼貌。

3.处理书面汇报的礼仪

收到书面汇报时应及时查阅并给予反馈意见。下属汇报工作之后，若迟迟收不到领导的反馈信息和指导意见，就会挫伤下属今后汇报工作的积极性，不利于工作的进一步开展。

收到书面汇报时，要认真阅读汇报的内容，对相关情况进行深入的调查、研究、核实，避免产生沟通误解。

思考题

（1）什么情况下应进行口头汇报？什么情况下应进行电话汇报？什么情况下应进行书面汇报？

（2）听取口头汇报时，应注意哪些礼仪要点？

第五节 调研礼仪

调研，是指调查研究。调查研究是对某事或某种现象，通过一定的方式、方法收集相关信息、资料和数据，并对其进行分析、综合、判断，探求其真相、性质、规律等。

毛泽东同志说:"没有调查就没有发言权。" 公务人员在开展各项工作时, 首先要深入实际进行全面的调查, 把调查得到的材料进行研究、分析, 形成观点、思想和理论, 在此基础上才能制定出接近和符合实际的方针、政策、规划、计划等, 使我们的工作顺利开展。调研是科学决策的前提, 也是科学预测的基础。

公务调查的方法, 主要有观察调查法、访问调查法、问卷调查法、文献调查法、实验调查法、普查法、个案调查法、抽样调查法等。对于调查得到的资料, 在整理之后, 可以通过比较分析法、系统分析法、矛盾分析法、层次分析法等方法进行分析和研究。

公务人员采用访问调查、普查等方法进行调研的过程中, 会与调研对象等相关人员进行直接接触, 开展面对面的工作。有些方法尽管不直接接触人, 其结果也会对他人的社会生活等产生重大影响。为了顺利地开展工作, 维护政府在人民群众中的形象, 保证调研工作的准确性, 公务人员在调研时应当做到以下几点:

一、坚持"全心全意为人民服务"的根本宗旨

"全心全意为人民服务", 这种觉悟不是由外部强制而来的。 为人民服务的自觉性, 是由公务人员自身思想的认识、对社会的认知、对人民的情感而来的。公务人员自身道德修养, 也会在调研的过程中不自觉地表现出来。

在调研中真正做到"全心全意为人民服务", 要在自身的意识和觉悟上下工夫, 树立正确的人生观和社会主义核心价值观, 要全面加强道德修养。生命是有限的, 调研时间也是有限的, 在调研工作遇到困难时, 要以雷锋的"钉子精神"努力工作, 为国尽责、为民奉献。雷锋在日记中写道:"一个人的作用, 对于革命事业来说, 就如一架机器上的一颗螺丝钉。螺丝钉虽小, 其作用是不可估计的。我愿永远做一颗螺丝钉。"不考虑自己工作岗位的高低贵贱, 不计较自己工资收入的多少, 不因为工作困难向组织讨价还价, 这样才能全心全意做好调研工作, 全心全意为人民服务。

二、坚持"实事求是"的指导思想

1959年9月，彭德怀同志搬到北京郊外的吴家花园居住。他在院子里开垦了许多块荒地，种上了各种各样的蔬菜和瓜果。院子里原来有个小水塘，彭总组织警卫人员把它挖深挖宽，种上藕，养上鱼。他还买了小猪、小鸡、小鸭子，分给大家饲养。所有农事上的开支，都是他一个人掏钱，有了收获，全部归大家所有。

彭总在水塘边亲自丈量了一分地，作为试验田。这一分地土质很好，整得很平整，准备种小麦。别人问他："为什么刚好开一分地呢？"他说："既然是试验，就得讲个科学，一分地容易计算产量。"

彭总把这块地深翻了一遍，每个土坷垃都敲得粉碎，还用手细细捏过。他说："人家说要深翻我就深翻，说要多下肥我就多下肥，说要密植什么的，我都照着做。我把力气都用在这一分地里，看一亩地到底产多少斤。"原来，他是针对当时的浮夸风在进行实验啊！

为了积肥，彭总想了很多办法。他到处收集人粪尿，还下水塘去挖塘泥。他说："池塘挖深了，肥料也有了。今天一天就能晒个半干，把它上到咱们的一分试验田里，肥得很哩。"

这一分地的小麦，长势一直很好。快收获的时候，彭总成天在地边守护着，不让麻雀去偷嘴。收打都很仔细，真正做到"颗粒归筐"，最后一过秤，九十来斤。彭总说："一亩地才产八九百斤。就算我们下的工夫不够，加一倍，亩产两千斤，顶天了！"

实事求是指从实际对象出发，探求事物的内部联系及其发展的规律性，认识事物的本质。实事求是是毛泽东思想的精髓，是邓小平建设有中国特色社会主义理论的哲学基础。党的十一届三中全会重新确立了实事求是的思想路线，为全面改革奠定了思想理论基础。"做老实人、说老实话、干老实事，就是实事求是。"公务人员在进行公务调研的过程中，应当以事实为依据，才能发现和探索事物的规律，把握事物的本质，使调研工作真正取得成果。

三、调研工作中的礼仪

1. 访问法调研时应注意的礼仪

访问法，是调查者通过面对面的直接交流，向被调查者了解调研主题的情况，搜集调研所需资料的调查方法，是调研工作中最常用的一种方法。个人谈话或者召开各种类型的调查座谈会，都属于访问法。

在访问之前，调查者应当认真了解被调查对象的有关情况。在进行个别访问之前，要了解访问对象的身份、经历、文化程度、个性特征、工作情况等，并拟好需要询问的主要问题，为访问工作做好准备。见面时，要主动向调查对象做自我介绍，得体地称呼对方。态度要平和自然、谦和有礼，不要给人以轻浮或傲慢的印象。访问结束时，应向被访问对象礼貌告别。

有些访问属于间接访问。间接访问，又称侧面访问，就是访问主要对象周围的人。做间接访问时，应礼貌对待受访者，这样才能获得关于主要对象的全方位材料。

采用座谈会的方法（调查会）访问时，应挑选好具体的被调查人员，并约定好座谈会时间。开会时，应将调查的目的或意图，以及内容、要求等，向被调查者介绍清楚。会谈过程中，要对大家进行适时的引导，同时要注意观察，做好会谈内容的记录与核实工作。

2. 问卷法调研时应注意的礼仪

问卷调研是使用问卷进行调查研究。问卷设计水平对问卷填写的质量、问卷的回收率和调研结论的正确性有着直接、关键的影响，因此，在调研之前必须认真、科学地设计问卷。

问卷的结构一般由"前言+主体+结束语"或"前言+主体"构成。

前言的内容应包括两方面，一是介绍和说明本次调研的目的和意义，二是对填答的技术要求和说明。前言的作用是争取被调查者的支持和合作，并对被调查者给予技术上的指导。

主体是问卷的主要组成部分，可以列出问题并说明填写要求，请被调查者回答，也可以制定一系列表格并说明回答方式，请被调查者填写。

结束语的内容由两部分构成，一是征询被调查者对本问卷的意见，二是表示感谢。

在问卷的发放、回收过程中，可以采用邮寄、集体填答、个别填答、依靠组织发放、利用报刊发放等方法来发放问卷。

采用邮寄方式发放时，最好同时提供"邮资总付"回邮信封，方便被调查者回邮问卷，有助于提高问卷的回收率。

集体填答前应选择合适的时间、场地将被调查者集中起来，发给每人一份问卷，由调研者进行耐心的现场指导，但不能随意解释问卷内容，还要杜绝引导被调查者。采用这种方法，可以获得很高的问卷回收率。

个别填答是调研者将问卷当面交给约定的被调查对象进行填答，也可以通过电话，由调研者按照问卷上的内容逐一征得被调查者的回答，然后代为填写。当面个别填答时，文化程度较高的被调查者可以自己填答问卷。遇到文化程度较低的填答者时，调查者应按照问卷内容做口头访问，根据被调查者的回答代为填写。通过电话进行个别填答时，应与被调查者约定通话的起止时间，以便被调查者做好准备。

依靠组织发放问卷时，应与组织（如人事部、某协会等）联合工作，可以当面发放问卷，也可以寄发问卷。采用组织名义寄发时，应盖上该组织的公章。

利用报刊发送问卷，就是将问卷刊载在报纸或杂志上，或单独印刷后随报纸杂志发放到读者手里，让读者填写回答后回邮给调查者。利用报刊发放问卷时，采取"邮资总付"的方式，能够提高问卷的回收率。

3.普查法调研时应注意的礼仪

普查，是普遍调查的简称，也叫全面调查。普查是为了掌握被研究对象的总体情况，对全体被研究对象无遗漏地逐个进行调查的方法。普查法必须有一个规定的统一的调查时间点，这个"标准时间"能够保证调查资料的准确性。普查法范围广、对象多、工作量大，对公务人员的素质要求高。

公务人员开展普查工作之前，应检查自己的仪容仪表，要按照公务人员的职业形象礼仪规范来严格要求自己，必须佩戴普查证件。同时，必须做好普查工作的各项准备。例如，进行人口普查的普查员应先了解被调查区域的人口户籍情况、出生死亡情况等，备好普查所需物品，包括填表用笔及垫板、公文包、文件袋、鞋套、《全国人口普查条例》和人口普查各阶段必须携带的资料如户主姓名底册、小区地图等。普查员还可以携带一张登记表填写样本，便于被调查者按照样本格式填写。

需要上门调查的，应与对方约定拜访时间并准时赴约，迟到或爽约都会引起被调查者的不满，甚至对普查人员产生不信任感，影响普查工作的顺利进行。

入户调查之前应敲门，见面时应先做自我介绍并礼貌问候，按照规定向对方出示普查员证件，表明身份，并说明来访原因、请求配合并承诺保密。获得主人允许后，应先穿好鞋套，方可入内。雨天应在门外将伞收进伞袋中。不方便入户的，普查员可在门外进行登记。

入户后，主人请坐方可坐下。递接物品时应用双手。递交普查表时应使文字的正面朝向对方，便于对方阅读。递送书写笔时，不可尖端朝向对方。

在普查过程中，仪态要稳重大方，要以礼貌的态度对待被调查者。交谈时要认真倾听，说话声调、语气等要给对方亲切感，并且要使用礼貌用语。被调查者提出疑问时，应耐心解释。询问敏感问题时，应注意问话的方式和语气，语言要委婉、尊重。

普查完毕时，应表示感谢并礼貌告辞，如需再次入户，则应约定入户时间，为下次调查做好准备。

思考题

（1）采用访问法进行调研时，应注意哪些礼仪？

（2）采用问卷法进行调研时，应注意哪些礼仪？

（3）采用普查法进行调研时，应注意哪些礼仪？

第六节　信访礼仪

信访，是指公民、法人或者其他组织采用书信、电子邮件、传真、电话、走访等形式，向各级人民政府、县级以上人民政府工作部门反映情况，提出建议、意见或者投诉请求，依法由有关行政机关处理的活动。

以上述形式反映情况，提出建议、意见或者投诉请求的公民、法人或者其他组织，称信访人。《国务院信访条例》规定，各级人民政府、县级以上人民政府工作部门应当做好信访工作，认真处理来信、接待来访，倾听人民群众的意见、建议和要求，接受人民群众的监督，努力为人民群众服务。

元宵节刚刚过去的一个中午，信访办的小王刚刚锁上接待室的门要去吃午饭，转过身来，就看到两名不停发抖的来访者站在了他的面前。

信访人是一位年逾七十、衣着破烂的老人和他三岁的孙女，两个人饥寒交迫，孩子瘦小的身子在褴褛的衣衫下瑟瑟发抖。见此情景，小王立刻带着爷孙俩到附近餐馆吃饱了饭。返回接待室后，小王仔细听老人讲了他的事情。原来，他的儿子在外打工遭遇车祸不幸亡故，儿媳抛下爷孙俩远嫁他乡，他已丧失劳动能力，生活难以为继。小王认真做了记录，又给了老人100元钱，让俩人坐车回家，谁知，老人拿着这100元钱舍不得坐车，又领着孩子走了回去。

第二天，小王便与同事一道驱车赶往爷孙俩所在的村庄，深入了解老人的家庭情况后，为其争取到了低保待遇。

一、信访工作礼仪

（1）为便于信访人联系，各级人民政府、县级以上人民政府工作部门应当向社会公布信访工作信息，包括：

①信访工作机构的通信地址。

②信访工作机构的电子信箱、微信公众号。

③信访工作机构的投诉电话。

④信访接待的时间和地点。

⑤查询信访事项处理进展及结果的方式。

（2）各级人民政府、县级以上人民政府工作部门应当在其信访接待场所或者网站公布以下信息：

①与信访工作有关的法律、法规、规章。

②信访事项的处理程序。

③其他为信访人提供便利的相关事项。

（3）县级以上各级人民政府的信访工作机构或者有关工作部门应当及时将信访人的投诉请求输入信访信息系统，信访人可以持行政机关出具的投诉请求受理凭证到当地人民政府的信访工作机构或者有关工作部门的接待场所查询其所提出的投诉请求的办理情况。

（4）信访人提出信访事项，一般应当采用书信、电子邮件、传真等书面形式；信访人提出投诉请求的，还应当载明信访人的姓名（名称）、住址和请求、事实、理由。有关机关对采用口头形式提出的投诉请求，应当记录信访人的姓名（名称）、住址和请求、事实、理由。

（5）信访工作人员对收到的信访事项应按规定登记，并受理属于自己法定职权范围的信访事项。行政机关应在规定期限内书面告知信访人是否受理信访事项，对事实清楚，符合法律、法规、规章或者其他有关规定的投诉请求予以支持，并在法定期限内办结信访事项。

（6）信访工作人员应坚持原则，秉公办事，不得徇私舞弊、收受贿赂、接受信访人请客送礼。

（7）信访工作人员应遵守保密制度，不得泄露控告人、检举人的姓名及控告、检举的内容，不得泄露、扩散信访人要求保密及可能对信访人权益造成损害的内容。对信访人有关信访事项办理情况的查询，除涉及国家秘密、商业秘密、个人隐私的事项外，应当如实答复。

（8）行政机关工作人员在处理信访事项过程中，应注意礼貌对待信访人，不可作风粗暴、激化矛盾。

二、办信礼仪

办信工作人员主要负责群众来信的分类和有关文稿的核文、印制、发送工作；办理涉及城乡建设、交通环保、劳动和社会保障、教科文卫等多方面内容以及反映干部问题等的来信；对重要来信信息进行汇总、分析、反映和情况通报；转送、交办、督办重要来信事项等。

办信工作的基本步骤与礼仪：一是及时拆封。通常应做到当日接信，当日拆启，并注明拆启日期，同时编号，以方便日后查阅。二是阅读来信。阅读来信时应仔细认真，全面了解来信内容。三是按照规定进行登记。四是重要来信及时报转，需要报告领导的要立即上报请领导阅批；需要转给有关单位或部门处理的要立即转送。五是按时答复。收到来信后，应在规定期限内给予来信人必要的答复。六是结案之后的所有信件都应归档存查，并注意保密。

三、来访接待礼仪

来访接待工作人员主要负责接待群众来访工作；反映群众来访中的重要信息；转送、交办、督办重要来访事项；协调处理群众集体来访；维护接待室秩序等工作。

来访接待时，应将来访人请至信访工作专用的来访接待室。接待室附近应悬挂路线指示标牌，门上应悬挂醒目标识，便于信访人寻找。接待室环境应干净整洁、庄重肃静，并且易于保密。应在条件许可的情况下，为接待室配备必要的设施，如桌椅、水杯和饮用水、面巾纸、书写笔、老花镜等。

在群众眼里，接待人员的形象就代表着政府机关的形象，因此，接待人员仪容仪表应干净整洁，态度应平易近人、礼貌亲切，不可居高临下或冷漠生硬、不理不睬。有信访人员来访时，应立即放下手中的工作，按照接待礼仪的要求进入接待程序：起身迎接、礼貌称呼、握手问候、让座上茶，继而询问来访事宜。

暂时无法立刻接待来访者时，应礼貌告知等待时间；等待时间较长时，应请其他人员前来接待，不可让来访者坐"冷板凳"。

面谈沟通的过程中，接待人员应认真倾听，不要随意打断对方，同时做好记录。不要轻率表态，不要让主观情绪影响沟通过程。遇到对方情绪激动时，应注意保持冷静，不要与对方争吵。拒绝或批评对方时应保持礼貌态度。来访人员有过激行为时应立刻请相关人员协助工作。接待来访过程中，尽量不要接听电话或接打手机。

能够当场答复或办理的事项要立即答复或办理，不能立刻办理的，必要时可约定再次联系时间。来访人告辞时，应起身相送，礼貌告辞。

四、接听信访电话及接收信访电子邮件的礼仪

除了来信和来访之外，打电话反映情况也是群众信访的常用形式之一。接听群众电话时，应遵守电话礼仪。通常，应对电话内容进行笔录或录音。接听过程中要耐心倾听，可适时引导对方改用更为有效的信访形式，如书信或直接走访方式。

随着信息技术的发展，越来越多的群众采用了电子邮件或者微信公众号、微信小程序等信访形式。信访单位对外公布的信访平台，应由专人负责，及时接收和答复。群众咨询的一般性问题，可以答复的要立刻答复；需要报转的报转之后，在规定时限内予以答复；信访人提出投诉请求但所列信息不全的，应有回复，提示对方须载明信访人的姓名（名称）、住址和请求、事实、理由等，收到完整信息之后再进入常规受理程序。回复的发送日期、内容等关键信息，应存留电子备份，归档保存。

思考题

（1）办信工作中应注意哪些礼仪？
（2）如何接待信访人？

第七节　会议礼仪

会议，是集合三人以上相与议事，并遵循一定的议程所举行的一种活动。

会议是人们为了解决某个（或某些）共同的问题，或出于某个（或某些）目的聚集（可通过网络虚拟聚集）在一起进行讨论、交流的活动。成功的大型会议特别是国际性会议具有提升形象、促进建设、创造经济效益等作用，而日常成功的小型会议则会起到沟通信息、交流思想、促进工作的作用。公务人员应当掌握会议礼仪知识，这样才能更好地组织会议、参与会议。

一、会议的分类

1. 按会议性质分类

按照会议的性质，可将会议划分为不同类型，以下几种类型较为常见：

（1）大会。参与人数多，议题可涉及政治、经济、科技、决策、单位前景等重大领域。各种组织（单位）的年会都属于大会。大会的计划、组织及活动安排与代表大会类似，并可附带展览会等活动。

（2）代表大会。各团体、单位、组织等选派代表召开的大会。代表大会一般都按一定的频率举行，全国性的代表大会通常每年举行一次，而国际性或世界性的代表大会通常2~4年举行一次，会期一般为3~5天，开始和最后有全体代表大会，中间有分组会议。

1920年夏至1921年春，随着马克思主义在中国的广泛传播，中国工人运动的蓬勃兴起，作为两者结合产物的中国共产党早期组织，在上海、北京、武汉、长沙、济南、广州以及赴日、旅欧留学生中相继成立，建党条件基本成熟，召开全国代表大会也在建党骨干中开始酝酿。

1921年7月中下旬，设在法租界白尔路389号（今太仓路127号）的博文女校陆续住进了一批教师、学生模样的青年人，以北京大学师生暑期考察团的名义，来上海参加这次历史性的聚会。代表们到齐以后，就在住处开了预备会。

7月23日晚，中国共产党第一次全国代表大会在上海法租界望志路106号（今兴业路76号）正式开幕。会址设在李书城、李汉俊兄弟住宅，大家围坐在客厅长餐桌四周，室内没有特别布置，陈设简单，气氛庄重。出席者有上海的李汉俊、李达；北京的张国焘、刘仁静；长沙的毛泽东、何叔衡；武汉的董必武、陈潭秋；济南的王尽美、邓恩铭；广州的陈公博；留日学生周佛海以及陈独秀委派的包惠僧。陈独秀和李大钊因公务在身未出席会议，而在代表们心目中，他们仍是党的主要创始人和领袖。

两位共产国际代表出席了一大开幕会议，并发表热情的讲话。接着，代表们商讨了会议的任务和议题，一致确定先由各地代表报告本地工作，再讨论并通过党的纲领和今后工作计划，最后选举中央领导机构。

7月24日举行第二次会议，各地代表报告本地区党团组织的状况和工作进程，并交流了经验体会。25日、26日休会，用于起草党的纲领和今后工作计划。27日、28日和29日三天，分别举行三次会议，集中议论此前起草的纲领和决议。讨论认真热烈，大家各抒己见，既有统一的认识，又在某些问题上引起争论，会议未做出决定。

……

最后，一大选举中央领导机构，代表们认为目前党员人数少、地方组织尚不健全，暂不成立中央委员会，先建立三人组成的中央局，并选举陈独秀任书记，张国焘为组织主任，李达为宣传主任。党的第一个中央机关由此产生。会议在齐呼"第三国际万岁""中国共产党万岁"声中闭幕。

（3）专业性会议。为讨论某个领域的专业问题或交流专业方面的信息而召开的会议。专业性会议一般包括主会和讨论问题、解决问题的小组会议。

（4）论坛与研讨会。非正式的、开放的会议，其特点是反复深入地讨论。两个或更多的发言人向听众们发表自己的看法、见解、观点、言论并进行阐述、说明，听众可以提出问题，主持人引导发言和讨论并总结各方意见。参与者通常有充分的参与性，参会者在主持人的协调下就某个方面的问题讲解各自的研究成果并进行研讨。

（5）小组会议。小组全体成员参与，交流信息、技能以及对问题的见解，通常穿插在大会或代表大会以及日常工作中。

（6）展览、展示与交易会。展览会、展示会通常被某个（或某些）组织、团体等用来展示其形象、商品或服务。展览、展示的同时如进行商品等的交易活动，则称为"交易会"。

（7）日常工作会议。单位、组织、团体等因工作需要而召开的会议，其规模、形式均可根据需要灵活掌握，是最为广泛和常见的会议类型。

2. 按会议举办机构分类

按照会议的举办机构，可将会议划分为多种不同类型，以下几种类型较为常见：

（1）国际组织和政府会议。国际组织或政府出于政治、经济、文化等原因，联合国、各国际组织，如世界贸易组织(WTO)、世界卫生组织(WHO)、世界旅游组织(OMT)等举办的会议，还包括各国政府每年都要组织举办的各种规模、各种类型的国际性或全国性大会、论坛、研讨会等。一般来讲，此类会议都会受到主办国和地区的重视，影响比较大，多是新闻媒体追踪报道的焦点。

（2）协会或行业会议。协会是由具有共同目标的专业人员或机构组成，通过它来交流、协商、研讨或解决本行业的最新发展、市场策略以及存在的问题。协会或行业会议，是由各种协会或行业组织举办的会议，具有周期稳定、规模大等特点。协会或行业会议一般又可分为：年会、地区性会议、大会、专题研讨会、理事会和委员会会议。

（3）单位会议。单位、团体等为了自身的发展，计划和协调本单位的发展目标、策略及各项指标等，举行的定期或不定期的各种会议。

（4）展销会与博览会。企业、经销商等出于向客户和潜在客户介绍、推销产品和服务的目的举办的陈列展示商品的会议。经济发达地区举办此类会议较多，通常会同时举办许多小型的产品发布会、研讨会等，以促进商品销售。

3. 其他分类方法

按照地域范围，可将会议划分为国际性会议、全国会议、地区会议、本地会议等；按照所属行业划分，可将会议分为医学、科学、工业、教育、农业、环境等各种行业会议；按照会议是否盈利来划分，可将会议划分为盈利性会议和非盈利性会议两类。

二、组织会议的礼仪

1.会前做好准备工作

（1）确定会议主题。会议的主题，是会议需要达成的目标及相关指导思想，是会议的主旨和灵魂。

（2）会议的主题明确之后，应当围绕主题来确定会议的时间、地点、参会人员、议程等。

（3）拟发会议通知。会议通知应包括以下六项内容：一是会议名称；二是会议拟讨论的主题与内容；三是会议的起止时间；四是报到的时间、地点和交通路线；五是会议的出席对象（如对象可选派，则应规定具体条件）；六是会议要求，即参会者应注意事项。

（4）起草会议文件。准备好会议所用的各项文件材料（如开幕词、闭幕词、主题报告等），要做到内容完整，备份充足。

（5）安排参会者的接待工作。参会者的交通、食宿、医疗、保卫等各方面的具体工作，应指定专人负责，在人、财、物方面都做好细致、妥当的安排。对于会议的关键人物，最好由专人负责全程接待。

（6）布置会场。会场大小要和与会人数相适应，不要过大或过小。场地内的环境要求干净整洁，空气流通，光线与温度适宜，安全通道畅通。场地内必要的各种设备如音响、照明、空调、投影、摄影、摄像设备等，一定要在会前认真调试。每位发言者必用的设备，应在会前准备到位。会议需用的文具、饮料等，应当准备妥当。

（7）安排座次。大会会议主席台座次排列通常有以下三种方法：

①按照中国传统惯例，"居中为上，左高右低"。图6-1是按照中国惯例，领导人数为单数时主席台座次的排列方法；图6-2是领导人数为双数时主席台座次的排列方法。

②按照国际惯例，"居中为上，右高左低"。图6-3是按照国际惯例，领导人数为单数时主席台座次的排列方法；图6-4是领导人数为双数时主席台座次的排列方法。

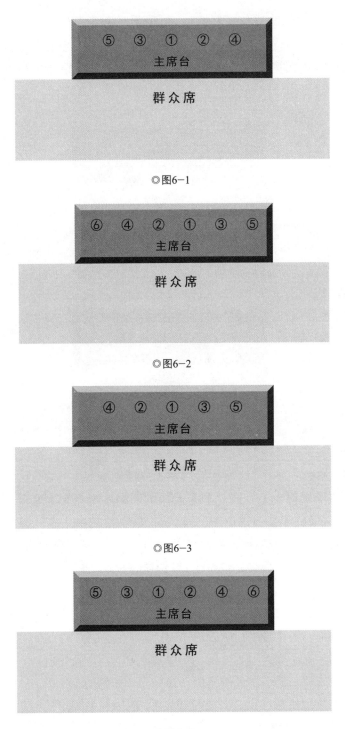

◎图6-1

◎图6-2

◎图6-3

◎图6-4

③参考中国传统"左高右低"的原则，再考虑到领导之间的相对位置，采用"左膀右臂"法排列。图6-5是"左膀右臂"法，领导人数为单数时主席台位次的排列方法；图6-6是领导人数为双数时主席台位次的排列方法。

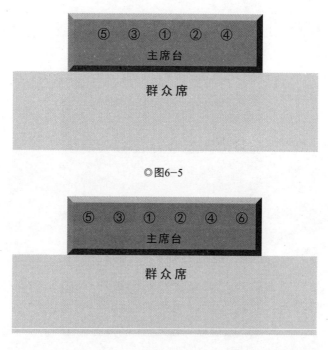

◎图6-5

◎图6-6

完全按照"右为上"或"左为上"的原则排序，在主席台人数为单数或双数时，2号领导会分别位于1号领导的右、左或左、右。采用"左膀右臂"排序法时，无论领导人数是单数还是双数，2号领导始终位于1号领导的左边（左膀），3号领导始终位于1号领导的右边（右臂）。

主席台座位为两排以上时，遵循"前排高于后排，中央高于两侧"的原则。群众席的座次排列，以面对主席台为准，前排高于后排。

小型会议的座次排序，一般遵循以下原则：

①面门为上。面对门的座位，排序高于背对门的座位。

②居中为上。居于中央的座位，排序高于两侧的座位。

③遵循中国传统惯例，以左为上。以居中座位面门的方向为准，左侧座位的排序高于右侧座位的排序。有外宾参加的会议，通常遵循国际惯例，以右为上，即以居中座位面门的方向为准，右侧座位的排序高于左侧

座位的排序。无外宾参加的会议，也可按照"左膀右臂"法排列，即2号领导始终在1号领导的左手边。

④远门为上。距离门远的座位，排序高于距离门近的座位。

⑤依景为上，即会议主席的座位背依会议室内的字画、装饰墙、讲台等主要景致。

按照中国传统惯例，7人参加的小型长桌会议座次排列见图6-7。

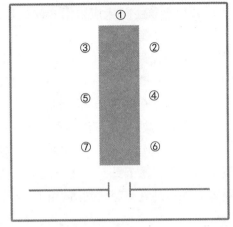

◎图6-7

按照国际惯例，双方各5人进行谈判时，双方相对而坐，尊方5人面对房门，见图6-8。

具体安排座位时，还需要根据场地的具体情况做综合考虑。重要会议会前，组织者应先安排好座位，并在每位就座者身前的桌子上，摆放好写有其本人姓名的桌签。

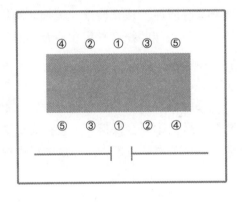

◎图6-8

2. 会中做好管理与服务工作

（1）会议服务人员应提前1小时进入会场，检查环境、设备、用具等，确保各项准备工作到位，并备好茶水，打开照明灯、音响、安全通道门、空调等设备。

（2）参会者进入会场之前，应安排专人负责引领工作，并做好签到服务。

（3）会议过程当中，要做好会议服务工作。具体来说，要求会议服务人员整体形象符合礼仪要求，统一着装，并佩戴醒目标志。服务语言应礼貌规范，服务态度应热情有礼，细致周到。对于参会者的合理要求，应迅速予以满足；出现各种问题时应及时帮助解决，解决不了时应立刻向上级领导汇报。会议服务前及会议服务过程中不饮酒、不吃异味食品，不可擅自脱岗、漏岗，不在会场内使用手机。严格遵守职业道德，不泄露会议秘密。参会者到场后，要适时做好茶水服务工作。会议过程当中要随时注意观察各种设备运行状况，及时发现和解决问题，避免对会议进度产生影响。

（4）会议主持人应根据会议议程，控制好会议进度，并根据会议性质，调节会议气氛。

（5）会议过程当中，应由专人做好会议记录工作（包含会议名称、时间、地点、人员、发言内容等）。会期较长的重要会议过程中，应及时编写会议简报，报道会议的动态等情况。

3. 会后做好善后工作

（1）会议结束时，组织者应为参会者返程提供帮助。如有必要，可提供车辆等交通工具，对于外地的参会者，应帮助其订购返程的车票、机票等。注意迎送规格应对等，由专人负责迎接的客人，应有专人负责为其送行。

（2）做好会场整理工作。会议文件、资料等应及时汇总、妥善保管，未使用的会议材料应及时回收，不可泄露会议秘密。会场装饰物、设备等都应及时清理，认真检查，无损坏的物品、设备等应归放到位，以备再次使用；有损坏的物品、设备应及时维修；废弃物品应按照要求处理。物品损耗情况应做统计之后向上级汇报。在打扫会场卫生之后，应再次检查安全情况。

（3）做好会议总结与信息反馈。会议记录应由专人进行整理、归纳、总结之后，编写会议信息（包括会议决议等）发放给相关人员。之后，还要收集相关人员对于本次会议的反馈信息，以便改进工作，更好地完成今后会议的组织工作。

三、参加会议的礼仪

（1）明确自身任务，做好充分准备。参加会议的人员，应明确自身所承担的任务，在会前做好充分的准备。例如，会议主持人应事先充分了解会议的议程、参会者情况、发言人情况、会议目标和要求等，必要时要事先做主持演练；会议发言人要准备好会议发言相关材料，必要时要写好发言稿或发言提纲；一般参会者要按照要求准备好相关资料与文具等。

（2）仪容仪表符合会议要求。参加会议时，着装应符合自己的身份，例如，主持人的着装应较为正式，一般参会者着装也不能过于随便。如果是户外会议等特殊会议，事先可询问主办单位穿何种服装较为得体。

（3）严格遵守时间，准时赴会。参加会议时，至少应比会议规定的时间提前5分钟入场。不能迟到，否则是对其他人的不尊重，同时也会影响会议的正常进行。入场后，应按指定位置就座。

（4）会议开始前要关闭手机铃声，会议开始之后要专心参会，不可窃窃私语、翻看无关书报、吃零食、摆弄小玩意儿、玩游戏机或用手机、电脑等上网娱乐、打瞌睡或随意进出会场。

（5）参加会议时，要注意自己的仪态。参会者动作举止应稳重大方，站立主持会议或发言时，应精神饱满，腰背挺直。坐在座位上时，也要保持良好的坐姿，不可歪斜身体或伏案、抖腿。要避免搔首、掏耳、挖鼻、剔牙等不雅之举。打哈欠、频频看表、身体动来动去等都是不礼貌的行为。会议进行中，禁止吸烟。

（6）遵守会议议程，礼貌发言。会议指定发言人应尊重听众，礼貌发言，并控制好发言时间。议程安排之外的发言者，应先举手示意，待主持人同意后再发言。发言时应尊重他人，语言简练，观点明确，态度友好，不要随便打断别人的发言或与他人发生口角，不要贬损他人人格。

（7）会议中录音、录像、拍照等行为，要事先征得主办方允许。

（8）会议结束后，应按顺序离开会场，不要蜂拥而出或横冲直撞。

（9）会议结束后，应按主办方要求提供会议的反馈信息。

思考题

（1）会议组织者在会前、会中与会后应做哪些工作？

（2）请思考：5人参加的小型圆桌会议，如何排列座次？8人参加的长桌会议，如何排列座次？请画出座次排列图，并说明这样排列是遵循了哪些座次排序原则。

（3）会议组织者在会前应做哪些准备工作？

（4）对于参会者有哪些礼仪要求？

第八节　仪式礼仪

仪式，是在一定场合举行的、具有专门程序、规范化的活动。

公务工作中常见的仪式活动有升旗仪式、庆典仪式、签约仪式、剪彩仪式等。组织或参加此类活动时，应注意按照礼仪惯例来进行。

一、升旗仪式礼仪

1. 升挂国旗的场所

《中华人民共和国国旗法》（1990年6月28日第七届全国人民代表大会常务委员会第十四次会议通过，1990年6月28日中华人民共和国主席令第28号公布，自1990年10月1日起施行）规定，下列场所或者机构所在地，应当每日升挂国旗。

（1）北京天安门广场、新华门。

（2）全国人民代表大会常务委员会、国务院、中央军事委员会、最高人民法院、最高人民检察院、中国人民政治协商会议全国委员会。

（3）外交部。

（4）出境入境的机场、港口、火车站和其他边境口岸、边防海防哨所。

国务院各部门，地方各级人民代表大会常务委员会、人民政府、人民法院、人民检察院、中国人民政治协商会议地方各级委员会，应当在工作日升挂国旗。

全日制学校，除寒假、暑假和星期日外，应当每日升挂国旗。

国庆节、国际劳动节、元旦和春节，各级国家机关和各人民团体应当升挂国旗；企业事业组织、村民委员会、居民委员会、城镇居民院（楼）以及广场、公园等公共活动场所，有条件的可以升挂国旗。

不以春节为传统节日的少数民族地区，春节是否升挂国旗，由民族自治地方的自治机关规定。

民族自治地方在民族自治地方成立纪念日和主要传统民族节日，可以升挂国旗。

按照以上规定升挂国旗的，应当早晨升起，傍晚降下。应当升挂国旗的，遇有恶劣天气，可以不升挂。

举行重大庆祝、纪念活动，大型文化、体育活动，大型展览会，可以升挂国旗。

升挂国旗时，可以举行升旗仪式。

举行升旗仪式时，在国旗升起的过程中，参加者应当面向国旗肃立致敬，并可以奏国歌或者唱国歌。

各单位在举行隆重的纪念性、庆祝性集会时，各类学校举行开学典礼、毕业典礼以及其他重要集会时，举行升旗仪式能够增强公民的国家观念，增强大家的民族自信心和荣誉感。

2. 升旗仪式的基本步骤

（1）出旗。升旗之前护旗行进的过程中，一人持旗，二人护旗，可有国旗护卫队跟随行进。

（2）升旗。升旗过程由1～2人操作，将国旗徐徐升至杆顶。

（3）起立致敬。升旗仪式参加人应当面向国旗肃立致敬，军人须行军礼，少先队员须行队礼，其他人士须行注目礼。

3. 升降国旗时的注意事项

在直立的旗杆上升降国旗，应当徐徐升降。升国旗时，必须将国旗升至杆顶，降下时，不得使国旗落地。

下半旗时，应当先将国旗升至杆顶，然后降至旗顶与杆顶之间的距离为旗杆全长的三分之一处；降下时，应当先将国旗升至杆顶，然后再降下。

不得升挂破损、污损、褪色或者不合规格的国旗。

升降旗不举行仪式时，由旗手和护旗进行升降操作，凡经过现场的人员都应面对国旗，自觉肃立，待国旗升降完毕后，方可自由行动。

旗手、护旗应经过严格训练后方可执行升降旗任务。

列队举持国旗和其他旗帜行进时，国旗应当在其他旗帜之前。国旗与其他旗帜同时升挂时，应当将国旗置于中心、较高或者突出的位置。在外事活动中同时升挂两个以上国家的国旗时，应当按照外交部的规定或者国际惯例升挂。

二、庆典仪式礼仪

2009年国庆佳节，举国欢腾，首都北京沉浸在繁花与欢乐的海洋中，中华人民共和国成立60周年庆典仪式在这里成功举办。

2009年10月1日上午，首都各界庆祝中华人民共和国成立60周年大会在北京天安门广场隆重举行，20万军民以盛大的阅兵仪式和群众游行欢庆新中国六十华诞。

上午9时58分，在欢快的乐曲声中，胡锦涛、江泽民等党和国家领导人来到天安门城楼主席台。10时整，中共中央政治局委员、北京市委书记刘淇宣布庆祝大会开始。

60响礼炮响彻云霄，200名国旗护卫队官兵护卫着五星红旗，迈着铿锵有力的步伐，从人民英雄纪念碑行进至广场北端的旗杆基座。中国人民解放军联合军乐团奏响《中华人民共和国国歌》，全场齐声高唱，鲜艳的五星红旗冉冉升起，在天安门广场上空迎风飘扬。

雄壮的《中国人民解放军进行曲》奏响，胡锦涛主席乘国产红旗牌检阅车，穿过天安门城楼，经过金水桥，驶上长安街，检阅了44个精神抖擞、装备精良的地面方队。检阅部队后，胡锦涛登上天安门城楼，发表重要讲话。

10时37分，阅兵分列式开始。由陆海空三军仪仗队组成的方队，护卫着中国人民解放军军旗走在最前面。11时10分许，广场上空响起隆隆轰鸣声。由陆海空三军组成的空中梯队呼啸而至，151架飞机低空飞过天安门广场。

11时22分，以"我与祖国共奋进"为主旨的群众游行开始。参加游行的10万各界群众以各种方式，尽情抒发着对伟大祖国的由衷赞美和美好祝福。

随后，5000多名手持彩色气球和缤纷花环的少年儿童来到天安门前，《歌唱祖国》的乐曲响彻整个广场。5万只彩球腾空而起，少年儿童春潮般涌向金水桥，向着天安门城楼，挥舞手中的花环，尽情地欢呼、尽情地跳跃。城楼上，胡锦涛、江泽民等领导同志满面笑容地向孩子们挥手致意，广场内外一片欢腾，全国人民共同庆祝这个盛大的节日，共同祝愿祖国明天更加美好。

12时25分，历时2小时25分的庆祝大会圆满结束。

庆典仪式，是国家、单位、团体对外塑造公众形象、扩大宣传、对内增强凝聚力的重要方式，通常会突出喜庆、隆重的气氛。在节日里、单位荣获某项荣誉或取得较大成绩时，都可举办庆典仪式。

举行庆典仪式之前，应选择合适的时间、场地，确定参加的人员，发出邀请，并安排好来宾的迎送工作。

布置场地时，可使用横幅、标语、气球、彩带、宫灯、花篮等，突出喜庆气氛。

庆典仪式中通常都有领导发表重要讲话，一定要事先安排专人负责调试音响设备，并准备好喜庆音乐曲目。

举行庆典仪式之前，应安排好人员分工，包括负责宣传、会务等具体事宜的人员，并通知相关人员做好各项准备。

必要时，应在庆典仪式之前组织相关人员彩排演练。

庆典仪式的一般程序如下：

（1）宣布庆典正式开始，全体起立，行升旗仪式。

（2）本单位负责人介绍来宾、介绍庆典缘由及相关情况。

（3）邀请上级领导、协作单位、嘉宾讲话。

（4）本单位代表致辞。

（5）宣读贺信、贺电等。

（6）剪彩或揭牌、揭幕、颁奖等活动。

（7）宣布庆典仪式结束，继续进行其他活动，如参观、表演、宴请等。

三、签约仪式礼仪

重大项目合作成功之后常常会举行签约仪式。

通常，双方参加合作运筹或谈判的主要人员都要出席签约仪式。签约之前，按照惯例，应由举行签字仪式的组织者负责准备待签合同的正式文本。主方会同有关各方共同指定专人，负责合同的定稿、校对、印刷与装订。待签的合同文本，通常按大八开的规格装订成册。

签约场地通常设有一张长桌，横放于室内，桌上铺设深绿色绒毯，桌后并排放两张椅子。签字代表面门而坐，按照国际惯例，座次排列以右为尊。

签字桌上应摆好待签合同文本和签字笔。桌子正中可摆放鲜花。涉外签约活动中，签字桌上还应插放相关国家的国旗。签字桌后墙上可挂横幅，横幅上书写签约仪式名称。

签约仪式开始时，双方共同进入会场。签约代表按事先安排的位置就座。双方的助签人员各自站在其

签约视频

◎图6-9

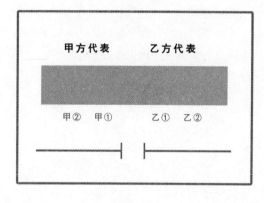

◎图6-10

外侧。随行人员排列站立在签约代表身后（图6-9）。

签约仪式人数较少时，可按图6-10所示方法安排座位。

签约仪式的一般程序如下：

（1）签字之前，助签人员要协助签约代表打开文本，用手指明签字位置。双方代表各在己方的文本上签字。

（2）由助签人员互相交换文本，双方代表再在交换后的文本上签字。

（3）签字完毕后，双方应同时起立，交换文本，并相互握手，祝贺合作成功，可交换签字笔留念。

其他人员应鼓掌表示祝贺。全体人员可共饮香槟酒庆贺。

退场时，应请双方最高领导和客方先退场，然后主办方再退场。

四、剪彩仪式礼仪

20世纪初叶，在美国的一个乡间小镇上，有家商店即将开业。店主为了阻止蜂拥而至的顾客在正式营业之前闯入店内，将用以优惠顾客的便宜货争购一空，便随便找来一条布带子拴在门框上。谁曾料到这项临时性的措施竟然更加激发了挤在店门之外的人们的好奇心，他们更想早一点进入店内，对即将出售的商店先睹为快。

正当店门之外的人们有些迫不及待的时候，店主的小女儿牵着一条小狗突然从店里跑出来，将拴在店门上的布带子碰落在地。人们误以为这是该店为了开张志喜所搞的"新把戏"，于是立即一拥而入，大肆抢购（图6-11）。

让店主转怒为喜的是，他的小店在开业之日的生意居然红火得令人难以置信。

◎图6-11

剪彩，从一次偶然的"事故"发展为一项重要的活动程序，进而演化为一项隆重而热烈的仪式的过程之中，其自身也在不断发展，不断变化。例如，剪彩者先是由专人牵着一条小狗来充当，让小狗故意去碰落店门上所拴着的布带子。接下来，改由儿童担任，让他单独去撞断门上拴着的一条丝线。再后来，剪彩者又变成了妙龄少女，她的标准动作，是当众撞落拴在门口上的大红缎带。到了最后，剪彩则被定型为邀请当地官员和社会贤达人士，用剪刀剪断礼仪小姐手中所持的大红缎带。

剪彩仪式是有关组织为了庆贺其成立或开业，大型建筑物落成，新造的车船和飞机出厂，道路桥梁落成首次通车，大型展览会、展销会的开幕而举行的一种庆祝仪式。剪彩仪式可以在庆典活动中举行，也可作为一项专门的仪式单独举行。

剪彩仪式进行之前，应当进行周密细致的准备工作，包括布置场地、打扫环境卫生、调试灯光与音响、邀请媒体、培训礼仪人员等。

1.剪彩仪式须准备的物品

（1）红色缎带与花球。花球的具体数目通常比剪彩人数多一个，每两朵相邻的花球，用长度为2米左右的红色绸缎或缎带类织物连接起来。

（2）剪刀。专供剪彩者在剪彩仪式上剪彩使用，每位剪彩者必须人手一把。

（3）白色薄纱手套。供剪彩者在剪彩仪式上使用，要求崭新平整、洁白无瑕、大小适度。

（4）托盘。供礼仪人员用来盛放红色缎带、新剪刀、白色薄纱手套。托盘上可铺红色绒布或绸布。

仪式上的剪彩者通常由上级领导、合作伙伴、社会名流、职工代表等担任，人数最好不超过五人。仪式之前应征得其本人同意，并告知届时将与何人一同担任剪彩者，以示尊重。助剪者通常由礼仪人员担任。

2. 剪彩仪式的一般程序

（1）宣布仪式开始，全体起立，行升旗仪式。

（2）东道主介绍来宾、介绍仪式活动相关情况。

（3）邀请上级领导、协作单位、嘉宾讲话。

（4）东道主介绍剪彩者，并宣布剪彩开始。

（5）剪彩者与礼仪人员的位次要交叉排列（图6-12）。剪彩者剪断红色绸带，将剪刀、手套等放回托盘中，与其他人员一起热烈鼓掌，必要时奏乐或燃放烟花爆竹。

（6）宣布仪式结束，继续进行参观等其他活动。

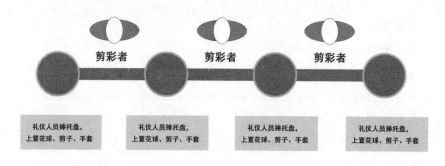

剪彩者　　　　　剪彩者　　　　　剪彩者

| 礼仪人员捧托盘，上置花球、剪子、手套 | 礼仪人员捧托盘，上置花球、剪子、手套 | 礼仪人员捧托盘，上置花球、剪子、手套 | 礼仪人员捧托盘，上置花球、剪子、手套 |

◎图6-12

五、新闻发布会礼仪

新闻发布会又称记者招待会，是指邀请各有关新闻单位的记者，集中发布新闻、消息的会议。新闻发布会对于宣传单位形象具有重要的意义，是单位公关工作的重要组成部分。

1. 新闻发布会的准备工作

召开新闻发布会之前，应认真做好各项准备工作。

（1）确定新闻发布会的主题、时间和地点。通常，新闻发布会的时间长度应限定在一个小时以内，重要新闻发布会亦不宜超过两个小时，所选择的地点应交通便利、设施齐全，且环境与主题相协调。

（2）确定主持人、发言人，以及会议议程，发言人准备好发言稿，并准备答记者问。

（3）根据会议主题和预期目标，选择拟邀请的新闻单位及记者，向媒体单位和记者发出邀请。

（4）准备好新闻发布会的宣传辅助材料，以及供媒体发布新闻时使用的各种素材、新闻通稿，如模型、照片、录音录像资料等。

（5）布置会场，包括设计制作发言背景图板，准备灯光和音响设备、放映设备、背景音乐曲目等。会议之前由专人负责，调试到位。

（6）进行新闻发布会的排练预演。新闻发布会开始前，要再次检查各项准备情况，做好应对各种突发事件（如停电、雨雪天气等）的应对准备工作。

2. 新闻发布会的一般程序

（1）来宾签到。

（2）引领来宾就位。

（3）主持人按会议议程准时宣布会议开始。

（4）发言人发言并答记者问。

（5）根据需要，进行记者专访、聚餐交流、馈赠礼品等各项公关活动。

（6）新闻发布会结束后，应调查媒体新闻发表情况，整理新闻发布会成果并妥善保存备用。

思考题

（1）公务活动当中，有哪几种常见的仪式？

（2）在您的工作责任范围内，会涉及哪些仪式？这些仪式的一般程序如何？需要注意哪些细节问题？

CHAPTER 7

第七章
接待礼仪

对公务人员而言，接待工作是不容忽视的日常性工作之一。不论是接待远道而来的贵宾还是接待来访的人民群众，不论是接待团队还是接待个人，不论是接待中国人，还是接待外国人，公务人员都要做到既有所区分，又一视同仁。在任何时刻都要做到重视对方，并以友好与热情的态度完成接待工作。

第一节　分享孔子的教导

"视思明，听思聪，色思温，貌思恭。言思忠，事思义，疑思问，忿思难，见得思义。"这是孔子的待人接物思想。其意思是：看和听的时候，要想到搞清楚了没有。对自己的面色，要想到是否温和。对自己的容貌，要想到是否敬重和谦恭。有疑问的时候，要想到向人求教。发怒的时候，要想到有什么后果，有利可得的时候，要想到该不该得。

在公务接待中，我们要牢记孔子的教导，要做到头脑清晰、思路敏捷，周到细致地完成接待工作。要眼观六路，耳听八方，灵活处理接待中的问题。要讲究文明礼貌，热情接待来访者。要廉洁自律，严格要求自己。

2009年10月12日下午4点，温家宝总理在中南海紫光阁接见了来华出席中美"二轨"高层对话的前美国国务卿基辛格等。

会见结束时，屋外下起了细雨。于是，温总理亲自撑起一把大伞为基辛格挡雨，并一直把客人送到了紫光阁外的台阶前。

看似简单的一次为基辛格撑伞，却向世界表明了中美之间要风雨同行、同舟共济的意愿，可以说这是一次为中美关系发展的"遮风挡雨"。

温总理为基辛格撑伞，从个人角度体现了与老朋友的深厚友情，从国家角度则不卑不亢地实施了一种外交策略，低调而又大度。

当记者在纽约专访基辛格提及此事时，基辛格马上接过记者的话，抬高声调说，温总理为我撑伞让我深受感动，深感荣幸，这是一个非常感人的举动。

基辛格表示，他不敢肯定自己是世界上唯一有幸见过中国所有重要国家领导人的人，但在美国肯定是唯一的一位。他说，早期的中国领导人钻山沟，打游击战，他们的使命是统一当时贫穷的中国。如今中国已基本统一，现在的中国领导人更加关注经济建设，他们接受了出色的培训，具有丰富的经验。同过去相比，他们正在管理一个更加复杂的社会。但是，每一代中国领导人都具有杰出的素质，都具有时代所需要的才干。

他最后说，多年同中国领导人的接触给我个人留下深刻印象的是，中国领导人在接待我们时所表现出的周到和礼貌。温家宝总理为我撑伞，送我出门是典型的中国式的礼貌姿态。

公务人员在接待工作中要做到热情和礼貌，在这一方面，温家宝总理为我们做出了榜样。外交部礼宾司原参赞马保奉，在2011年1月14日，《人民日报》海外版的《周恩来为中国外交礼宾操尽心，亲自安排国庆10周年外宾座次》一文中写道：

1959年新中国10周岁了。10年来，它同苏联、其他社会主义国家以及一些亚非和欧洲国家的关系有了发展，外交部礼宾司已接待过一些大型国宾团。

但是，总的来说，对外交往的范围还比较狭窄，礼宾工作经验还很缺乏。到国庆10周年时，同中国建交的国家有33个。10年来，苏联在新中国的对外活动中，占有绝对的优先地位。在国庆10周年的对外活动中，无疑也是要突出苏联。

前来参加新中国国庆10周年活动的外国代表团有：社会主义国家的党政代表团11个，其中党政第一把手率团的有：苏联的赫鲁晓夫、越南的胡志明、朝鲜的金日成、捷克斯洛伐克的诺沃提尼、蒙古的泽登巴尔；亚非国家的政府代表团8个，非执政的兄弟党代表团49个。

面对国庆10周年如此重要的外交活动，周恩来夜以继日忙碌着，甚至连招待会前三桌的座位也是周恩来亲自排列的。

不久前，当我在外交部档案馆看到周总理用红蓝铅笔勾画和书写的座位图原件时，心情依然激动。

公务人员在接待工作中，要有严谨的态度，要有细致周到的工作作风。在这一方面，周恩来总理为我们做出了榜样。

《世界新闻报》2010年7月刊登了外交部原礼宾司司长江康题为《钱外长为我捏了一把汗》的文章，文中写道：

我毫不夸张地说，从某种意义上讲，礼宾工作比拍电影还要难。拍电影时，如果对某个镜头乃至某个场次，导演或演员本人不满意，可以要求重拍，直到满意为止。可是礼宾工作只能一次成功，没有第二次，不可能要求中外领导人按你的要求重来一遍，过去的就已经过去，已成为历史。

所以礼宾工作要求"精耕细作"，不仅要在事前周密设计，还要有过硬的现场应变能力。我们这些"老礼宾"有个习惯，就是"过电影"。所谓"过电影"就是在礼宾方案实施前，在自己的头脑里像拍电影一样过上一遍乃至很多遍，把可能出现的漏洞堵住，防患于未然。尽管如此，仍然有令人遗憾的事情发生。我就有过这样一次经历，至今想起它，我还感到汗颜。

1990年春天，李鹏总理应邀访问朝鲜民主主义人民共和国。当时我作为礼宾司司长随同访问。中朝是友好邻邦，两国领导人常来常往。此次带什么礼品去，颇费思索。传统工艺品，过去已送过不少。我觉得应送些反映当时我国改革开放成果的礼品，更具时代感。我们为金日成主席选了一件我国产的立式激光唱机，还配了在朝鲜也是家喻户晓的《梁祝》小提琴协奏曲唱片。应当说，这个主意不错，报总理办公室征得同意。考虑到立式唱机是组合式，需现场组装，礼宾司特意请部里有关业务部门一位懂行的处长作为我驻朝使馆的临时工作人员随同代表团赴朝。这个考虑不能说不周到。

抵平壤后，我与朝方商定：赠金主席的礼品，在金主席会见李鹏总理后由李总理面交，赠其他朝方领导人的礼品则由朝礼宾部门代为转交。我向负责此次礼品工作的礼宾司同事作了交代，请驻朝使馆及时把唱机各部件运到现场，由负责组装的那位处长组装好，随时待命，以便面赠。一切都按计划进行。

金主席会见李总理后，陪同李总理步出会见厅。我跟在总理身后，看到已组装好的唱机摆放在过厅中央。唱机周围聚集着双方众多记者，准备记录下赠礼的镜头。李总理向金主席说明了赠礼之意，我的那位年轻的同事随即按下唱机的Play（播放）按键。众目睽睽之下，当着金主席和李总理的面，唱机竟然不响！莫非唱机出了机械故障？我的脑袋一下子大了起来。我的那位同事涨红了脸，突然一下子明白过来，他拨动音量旋钮，唱机播出优美的《梁祝》乐曲。我心里的石头才落了地。

虽然这前后只有几秒钟的时间，仿佛周围的空气已经凝固，我确有度"秒"如年之感。事后，陪同李总理访朝的钱其琛外长半开玩笑地对我说："老江啊，刚才我真替你捏了一把汗。"原来不是什么技术故障，只是他们在组装好唱机并进行了试播以后，怕影响金主席与李总理的会见，把音量旋钮拨到了"0"处，赠礼时只按下播放键，忘记了拨动音量旋钮，唱机自然不响。

我讲这个故事，只想说明一个道理：礼宾工作计划得再好，还要靠现场实施。否则，再好的计划也是白搭。"一切为了现场"，这是我在礼宾司时说得最多的一句话。

公务人员在接待中要有过硬的现场应变能力，在这一方面，江康司长是我们学习的好榜样。

在公务接待中，让我们牢记孔子的教导，以温家宝、周恩来总理及礼宾接待工作的前辈们为榜样，在接待工作中做到热情礼貌、细致周到和随机应变。

思考题

（1）公务人员在接待中要有过硬的现场应变能力，请通过书中的案例，分析江康司长是怎样做到的。

（2）请举例说明为什么在接待工作中，要做到热情礼貌、细致周到。

第二节　礼宾礼仪

《南方都市报》曾就"什么是国事访问"及"最高规格的礼遇意味着什么"对外交部原礼宾司司长、中国驻斯洛文尼亚共和国首任大使鲁培新进行了专访。鲁司长在回答"国事访问需要哪些礼仪安排"时讲道："从程序上说，首先是接机。各国都有各自的礼宾规定，有的国家总统甚至亲自迎接。在我国，一般由外交部主管副部长、我国驻对方国家大使迎接。欢迎仪式是最主要的迎接程序，一般由被访国家元首主持欢迎仪式，奏国歌并检阅仪仗队。"鲁司长在回答"鸣响礼炮次数的不同，是不是代表着不同级别，鸣放21响礼炮里'21'这个数字有什么说法"时讲道："奏国歌时，同步鸣放礼炮。一般在室外举行。国家元首到来时要鸣炮21响，总理到来时要鸣炮19响。21响是国际传统，早在400多年以前，英国战舰上只能放21门炮。战舰行驶在公海上，在遇到友好国家的船只，或到某一国家的港口加油加水时，要把战舰上的炮弹全部放空，以此表示敬意和解除武装。鸣炮的数量表达着解除武装及表达友好与敬重的程度。此后，这一习俗逐渐演变为迎接国家元首访问时的鸣炮仪式。而且，鸣炮的次数都是单数，这是因为西方人认为单数'吉利'。"

上述讲话尽管只涉及两个问题，但是，它使我们感到：在接待中做好礼宾工作，需要遵守约定俗成的交往规则。

在这一节中，我们将分享礼宾规格、礼宾次序、拟订接待方案三方面的话题。

一、礼宾规格

礼宾规格一般是约定俗成或由国家机关明文规定的。礼宾规格会根据接待对象的不同而有所差异。

在确定礼宾规格时，可以参照的方法有以下几种：

（1）严格遵守国家有关礼宾的明文规定。

（2）采取本单位、本部门的常规做法。

（3）以约定俗成的惯例完成接待工作。

（4）按照对方接待己方的方式和做法进行。

（5）参照其他单位的接待经验和做法。

二、礼宾次序

在接待工作中，我们会遇到各方来宾在同一时间抵达同一地点的情况。此时，合情合理地进行尊卑、先后顺序或位次的排列，是顺利完成接待工作的关键。

礼宾次序，是礼宾规格的具体操作。它指的是在接待不同国家、不同地区、不同团体、不同部门、不同身份的多方来宾时，按照约定俗成的方式，对其尊卑、先后的具体顺序和位次所进行的排列。

一般情况下，礼宾次序的排列方式有以下两种：

1. 按身份与职务的高低排列

按身份与职务的高低进行次序排列，是礼宾次序排列的主要根据。比如：在外事接待中，按国家元首、副元首、政府总理（首相）、副总理（副首相）、部长、副部长等顺序排列。此时，次序排列的依据是各国提供的正式名单或正式通知。

在进行次序排列时，不同国家因其体制不同，造成了人的职务高低不同，这就需要根据各国的规定，按相当的级别和官衔进行分析和安排。但是，无论选择何种排列方法，都是以身份与职务的高低作为依据。

2. 按字母顺序排列

多边活动中的礼宾次序，一般按参加国国名字母的顺序排列，并以英文字母排列居多，少数情况也有按其他语种的字母顺序排列的。这种排列方法适用于国际会议、体育比赛等。

在国际会议上，公布与会者名单，悬挂与会国国旗以及座位安排等，均按照各国国名的英文拼写字母的顺序排列。

在国内的接待中，一般根据汉语拼音字母的先后顺序排列。比如：大型会议的接待等。

在接待工作中，礼宾次序的排列常常不能按一种排列方法进行，而是选择多种排列方法的交叉。比如：在某一多边国际活动中，对与会代表团礼宾次序的排列，首先是按正式代表团的规格，即代表团团长的身份高低来确定。在同级代表团中则按派遣国通知代表团组成日期先后来确定，对同级和同时收到通知的代表团则按国名英文字母顺序排列。

在安排礼宾次序时还要考虑其他因素。比如：国家之间的关系、国家所在地区、活动的性质、活动的内容、对于活动的贡献大小，以及参加活动人的威望、资历等等。

在进行次序排列时，经常将同一国家集团、同一地区、同一宗教信仰，或关系特殊的国家的代表团排在前面或排在一起。

在进行次序排列时，常将同一级别中威望高、资历深、年龄长者排在前面。有时还会考虑场合性质、相互关系、语言交流等因素。比如：在观礼、观看演出、观看比赛，特别是在大型宴请场合，在考虑身份、职务的前提下，将业务性质对口的、语言相通的、宗教信仰一致的、风俗习惯相近的人员安排在一起。

总之，在具体的接待工作中，要通过耐心、细致、反复研究设想出多种方案，并提前以适当的形式向接待对象通报，以避免因礼宾次序方面的问题引起尴尬或不愉快。

三、拟订接待方案

高度重视是完成接待工作的前提，提前拟订接待方案是做好接待工作的保障。

接待方案要切实可行，从简务实。接待方案一般要包括以下内容：

1. 规格

接待规格，要根据来宾的身份确定。

2. 时间

时间是接待方案的主线之一。主要考虑三个问题：

（1）活动的起止时间。时间的拟订要考虑参与方是否方便。

（2）活动中的时间分配，也就是何时进行何种事项。

（3）提前多长时间将邀请函或通知发出。

3. 地点

地点是接待方案的又一主线。选择地点要考虑下列三个问题：

（1）活动的主要目的是什么。比如：会见等活动，是以加强双方了解为主要目的，则要考虑是否安排在本单位内部。

（2）是否具备活动的基本条件。比如：是否有足够的空间、座席，是否有良好的环境，是否能提供所需的饮水处、卫生间及各种设施等。

（3）在安排室外活动时，还要考虑天气因素。

在地点选定之后，比较重要的接待还要事先对现场进行考察。

4. 人员

（1）确定参加活动的人员。主方人员除了主人之外，还要确定参与活动的陪同以及接待人员。在安排接待人员时，不仅要选择精兵强将，还要分工明确，将每一项接待活动落实到人。

（2）要了解客方人员的基本情况。比如：人员数量、职务、职称、年龄、性别等。

（3）排列职务次序。根据活动参与方的多少，排出各方的人员职务序列。同时还要按照主、客双方的情况，排出最高领导之间的职务次序和单位名称序列。为活动中安排每个人的具体位置做好准备。

5. 着装

不同性质的接待活动需要不同的着装。比如：会见与宴请中的着装要有所不同。

6. 接送

参加活动的各方是否需要安排接送，接送的地点是什么，均要十分清楚，以免影响活动的顺利进行。还要考虑交通工具的停放以及安全问题。

7. 礼品

礼品是接待方案中不可缺少的部分。比如：会见时，主方是否赠礼，可以参考客方是否赠礼。如果客方没有安排赠礼，主方可以免去赠礼的环节。相反，则一定要赠礼。

8. 鲜花

鲜花既是礼品，也是一种装饰品。它可以表达主人的热情和诚意，也能够很好地美化环境。

9. 标志

标志包括横幅、路标、席位卡、宴会座位卡、宴会席位图、胸卡、请柬等。在制作标志时要考虑文字、图案、大小是否合适，还要考虑标志是否美观。

10. 旗帜

旗帜具有身份和主权等严肃的政治性含义。在拟订接待方案时要考虑是否需要旗帜，以及旗帜摆放于什么位置。

11. 通讯

通讯的畅通是活动顺利进行的保障。要考虑是否需要专门的通讯设备及其种类、数量，并明确各种联络方式及相关号码、地址等。

12. 摄影

大部分活动都需要安排摄影、摄像工作，在拟订接待方案时要予以考虑。

13. 媒体

是否对活动进行宣传，是否邀请新闻媒体参加，这也是一个重要的问题。

14. 膳宿

在接待方案中，客方的膳宿安排既要严守规定，又要讲究主随客便。要提前了解对方的习惯，并通过协商与对方达成共识。尤其在个人禁忌、民族禁忌、宗教禁忌等问题上，不要掉以轻心。

15. 经费

经费的使用，要本着考虑本单位的实际情况，严格执行上级规定，力求少花钱、多办事、办好事，处处勤俭持家的原则。

接待方案完成后，要及时向有关方面通报，必要时，还要对方案酌情加以调整和补充。

思考题

（1）请回答如何理解礼宾次序？

（2）举例说接待方案的拟订与接待质量的关系。

（3）下文是外交部礼宾司原参赞马保奉发表于《人民日报》海外版的题为《多边外交应当如何安排礼宾排序》一文的节选，请阅读后谈一谈自己的想法。

在多边外交中，在安排礼宾排序时通常有下列情况：

人名字母：

多边国际会议时，有时按照出席人的姓名字母排列礼宾顺序。这种做法虽不常见，但也不失为一种尝试。例如，1992年，联合国在巴西里约热内卢召开世界环境与发展大会，120位国家元首、政府首脑与会，会议上的座位顺序，就是按与会领导人姓名英文字母先后决定的。

任职时间：

身份相同，按其任职时间先后排序，这是一种比较陈旧的方式。例如：在同一国的外交团，各国使节的位次，以其递交国书时间先后决定。这种按照任职时间先后决定次序的做法，对于大使们是适当的。但是，如果把它引用到多边国际会晤中，操作起来就相当困难。

1998年，第二届亚欧首脑会议在英国举行，英国外交礼宾部门，就是采取按各国首脑任职时间先后排列的，实践效果不好，曾引起与会者不满。1989年7月，30多位国家元首、政府首脑到巴黎参加法国大革命200周年纪念活动，法方将执政时间最长的科特迪瓦总统乌弗埃·博瓦尼排在首位，而把任职时间最短、本应排在末尾的美国总统布什提到第二位，从第三位起均按任职时间长短排列。如果法国礼宾部门，没有对此给予令人信服的说明，肯定会遭到非议。

创新排序：

2003年，在泰国举行的亚欧首脑会议上，泰国礼宾部门大胆创新，摒弃以往常规，独出心裁，在全体合影时，按照出席会议各国领导人身材高矮排列顺序，矮者在前，高者在后，效果也不错。

礼宾次序是条条框框，要想突破它，应该有说得过去的理由。1989年2月，日本昭和天皇逝世，163个国家代表参加葬礼，其中有包括美国总统布什在内的很多国家元首。如按照常规，以国名英文字母决定各国元首的礼宾位次，布什将排在后头。这与日美关系实际状况不符，于是日本礼宾部门想出一个点子：凡天皇出访过的国家代表优先。日本昭和天皇出访不多，但到过美国，这个理由，应该是站得住脚的。于是，布什堂而皇之地排到最前面去了。

1997年6月30日，出席香港回归仪式的外国嘉宾有160多位，中英双方只对外国政要进行礼宾次序安排，其他客人座位则只分区，而不排座位，比较妥善地解决了泰国诗琳通公主、印尼国务部长穆迪约诺、澳门总督、台湾辜振甫及与我国未建交的七国驻港总领事的排位问题。

第三节　迎送的礼仪

"有朋自远方来，不亦乐乎。"在接待客人时，迎来送往是必不可少的重要内容。

在迎送客人时，要处理好下列四个问题：

一、迎送的规格

江康、鲁培新、吴德广三位前辈在题为《中国礼宾"删繁就简"显成熟心态》（《文摘报》）一文中写道：

2010年4月12日，国家主席胡锦涛乘坐的专机抵达华盛顿安德鲁斯空军基地，在同美方官员和中国驻美大使等一一握手后，乘车离开机场，整个过程仅持续了5分钟。

这是中国礼宾改革的一项最新举措，即我国领导人抵达和离开被访问国家时，不再组织当地华侨华人、留学生等到机场迎送。

1955年1月，由新中国外交部办公厅交际处升格而来的外交部礼宾司正式对外办公。新中国成立之初，礼宾司的工作非常庞杂，当时与我国建交的国家数量不多，几乎每一个访华的外国代表团都受到了高规格的接待。

1957年，伏罗希洛夫率苏联最高苏维埃代表团抵达北京，毛泽东、周恩来、朱德等中国党政领导人亲自到机场迎接。伏罗希洛夫访华期间，几乎所有的行程都由中国党政主要领导人陪同，每到一地都出现"万人空巷"的热烈局面，特别是在上海，举行了20多万人参加的群众大会。

到了1959年年底，已有32个国家与中国建交，外交往来十分频繁，这让礼宾司的工作不堪重负。为此，我国对外交礼宾仪式进行了简化，如1964年外交部规定，元首来访有关活动，由副委员长或副总理陪同；"文革"时期，取消元首来访的礼炮鸣放等等。

三位前辈的文章让我们认识到，中国的礼宾接待工作始终坚持着"删繁就简"的原则。

所以，确定迎送规格，要在接送不同的来宾、选择不同的接待规格基础上，做到符合实际，顺理成章，量力而行。

二、迎送人员

迎送人员的确定要做到控制人数，人数以能够做到保障迎送工作顺利进行为准。

迎送人员的确定还要考虑身份，身份高低可以通过活动的性质来确定。

（1）比较正式的活动，要遵守身份对等的原则确定迎送人员，也就是宾主双方人员的职务、身份大致相似。

（2）比较重要的活动，要选择身份较高的人员完成迎送工作，也就是主方人员的职务、身份要比客方人员高一些。

（3）一般性的日常交往，主方可以选择职务、身份偏低的人员完成迎送工作。

三、迎宾线与送宾线

正式活动的迎送过程，在必要时，可以安排迎宾线与送宾线。

迎宾线与送宾线有"南飞雁"与"领头羊"两种方式。

1. 南飞雁式

南飞雁式迎宾、送宾线，是将迎送人员中身份最高者安排于迎宾、送宾线的前端的中央位置（图7-1）。这种迎宾、送宾线，一般会安排在车站、船码头、机场或单位等地方，用于表达对来宾及活动的重视程度。

在排列迎宾、送宾线时，主方其他人员的位置要依据"以右为尊"的原则，按照职务高低，从身份最高右侧到左侧的顺序依次安排位次。

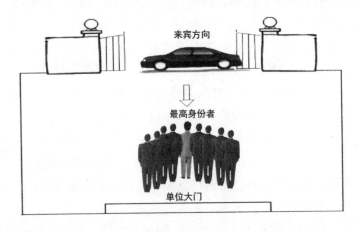

◎图7-1

2. 领头羊式

迎送客人时，使用的比较多的是领头羊式迎宾、送宾线。在领头羊式迎宾、送宾线中，站立于前端的是迎送人员中身份最高的人，其他人员由近自远顺序排列（图7-2）。

这种迎宾、送宾线常用于会见、宴请等活动中，多数在会见厅、会议厅或宴会厅门前进行。

迎宾时，队列朝向来宾到来方向。送宾时，队列尾部朝向来宾离去方向。

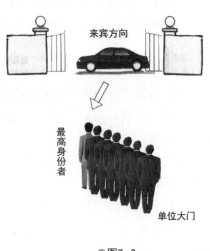

◎图7-2

四、迎送中的礼仪细节

迎送中的礼仪细节包括称呼、问候、介绍、引领等方面内容。

1. 称呼与问候

迎接来宾时，为了表达热情和尊重，我们首先要主动称呼和问候对方。

（1）称呼。称呼对方，我们可以根据实际情况，选择下列五种方式中比较适宜的内容：

①称呼行政职务。比如：总统、主席、总理、部长、处长等。

②称呼技术职称。比如：工程师、研究员、教授、高级教师等。

③称呼职业名称。比如：警察、法官、记者、厨师、教师等。

④称呼通行尊称。比如：先生、女士、小姐、同志等。

⑤称呼对方姓名。称呼对方的姓名，可以给人带来比较亲近的感觉。在面对熟人和同事时，这种称呼是比较适用的。

（2）问候。在问候他人时，要做到主动和热情，还要讲究问候的顺序。

在接待中，问候要做到开口在他人之前。问候时声音要甜美，要凝视对方的面部，要面带笑容，要通过点头、欠身等体态语表达自己的热情。

问候时要讲究顺序。首先，主人要主动问候来宾。

日常交往中，面对个人的问候，问候的顺序一般是身份较低的人，首先问候身份较高的人。

在问候多人时，要选择由"尊"到"卑"、由长到幼的顺序依次进行，也可以根据距离的远近，由近到远依次问候，还可以笼统地问候。

2.介绍

介绍是人际交往的前提，介绍一般有三种方式：

（1）自我介绍。将自己主动介绍给他人，是工作中常用的介绍方式。

在进行自我介绍时，要把握实事求是的原则，既不要夸大事情，也不要过于谦虚。

要注意控制时间，一般要在半分钟左右完成自我介绍。所以，在进行自我介绍时，一定要突出重点。

自我介绍可以选择只介绍自己姓名的方式，它适用于一般性的交往。也可以选择介绍自己的单位、职务和姓名等内容的方式，它适用于比较正式的交往场合。

一般情况下，职位低的、资历浅的、年轻的、男士要先将自己介绍给职位高的、资历深的、年长的以及女士。

（2）他人介绍。由第三人对互不相识的双方进行介绍。在进行介绍时，要确定介绍者，还要讲究介绍的顺序。

介绍者应该是交往中的专职人员。比如：公关人员、礼宾人员、文秘人员、办公室人员以及接待人员。在为贵宾进行介绍时，要选择职务最高者承担介绍者。

　　介绍的顺序是他人介绍中的重要问题。承担介绍
任务的人员要对被介绍双方的情况进行细致的了解，
以避免出现错误，造成不愉快。

　　他人介绍，要遵循"尊者优先了解情况"的原
则。首先将身份低的一方介绍给身份高的一方。

　　比如：介绍来宾与主人相识时，要先介绍主人，
后介绍来宾。介绍上级与下级相识时，要先介绍下
级，后介绍上级。介绍长辈与晚辈相识时，要先介绍晚辈，后介绍长辈。
介绍女士与男士相识时，要先介绍男士，后介绍女士。

介绍视频

　　介绍者在完成介绍的过程中，要做到语言简练，面带微笑，体态规范
（图7-3）。

◎图7-3

　　（3）集体介绍。被介绍的一方或双方不止一人。在被介绍的双方出现
一方为一人，另一方为多人组成的集体时，一般只将个人介绍给集体即可。

　　在被介绍的双方均为集体时，通常的做法是由主方负责人将己方人
员，由身份高到身份低的顺序介绍给客方。之后，再由客方的负责人将己
方人员由身份高到身份低的顺序介绍给主方。

3.引领

　　重要活动的接待，一般会安排一位与客方事先联络过的人员，在客
方下车、下船或到达机场等地点时迎接对方，并将来宾引导至迎宾线等位
置。我们将承担这一任务的人员称为迎宾员。

　　迎宾员可以是主方低级别的办事人员，也可以是有一定职位的负责

◎图7-4

◎图7-5

人。迎宾员的职位越高，对客人的礼遇就越高。

迎宾员在来宾到达时，要向来宾说明主人正在等候，并尽快将来宾引至迎宾线等位置与主人相见。

引领的过程中，在多数情况下，迎宾员要行走在来宾左前方1米左右的距离，并将左臂抬起，四指并拢，拇指略内收，指向行进方向（图7-4）。

行进过程中要关照来宾，在遇到要转弯、上电梯等情况时，适时提醒来宾。

引领中，还要注意自己与来宾的位置变化。

（1）大堂的引领。在大堂引领时，要行走在来宾外侧1米左右的前方。也就是迎宾员要走在距离墙比较近的位置。

（2）步行梯的引领。在上步行梯时，迎宾员要走在来宾的后边。下步行梯时，迎宾员要走在来宾的前边（图7-5）。

（3）电梯的引领。在乘无人控制的电梯时，迎宾员要做到先进入电梯。到达位置后，要请来宾先走出电梯，之后，自己再走出电梯。

（4）进出房门的引领。进房门时，对于向内开的房门，迎宾员要先走进房门，之后，用自己的后背控制房门，请来宾进门。对于向外开的房门，迎宾员要首先打开房门，请来宾先进门。之后，自己再进入房门。

在送别来宾时，要做到目送对方离去。在可能的情况下，要做到对方在自己的视线中消失后再离去。

引领视频

思考题

（1）请进行介绍的练习。

（2）请阅读故事，并回答故事给自己带来了什么启示。

周恩来总理在送别柬埔寨国王西哈努克时，当国王进入机舱后，天空突然下起了雨，导致飞机无法立即起飞。

周恩来总理在雨中站了一个多小时，一直等到雨过天晴，飞机顺利起飞才离开机场。

第四节　座次的礼仪

在公务接待中，座次的安排要遵守约定俗成的规则，还要兼顾客方的日常习惯。

一、接待中的座位排列

在会客过程中，座次的排列一般有下列六种形式：

1. 相对式

相对式位次排列，指的是主客双方以面对面的形式落座。这种落座方式一方面便于双方进行交流，另一方面易于使双方公事公办，保持一定的距离。它多用于公务性会客。

相对式位次有两种形式：

（1）遵循"面门为尊"的习俗，请客人面对正门落座，主人背对正门落座（图7-6）。

（2）遵循"以右为尊"的习俗，请客人落座于右侧，主人落座于左侧。所谓右侧，是指当面向房间时，右手一侧的位置（图7-7）。

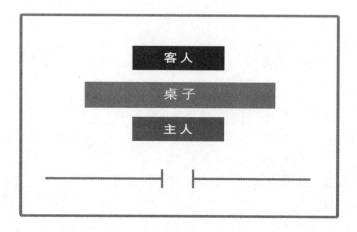

◎图7-6

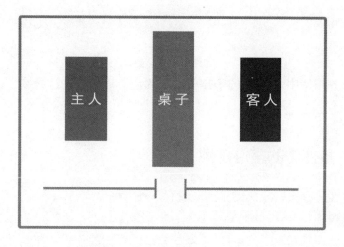

◎图7-7

2. 并列式

并列式座次也有两种方式：

（1）主客双方并排面门而坐，客方落座于主人右侧。双方的其他随员分别在主人、主宾的一侧，按照身份由高到低依次落座（图7-8）。

（2）主客双方在室内一侧落座，客人落座于距离门比较远的位置（图7-9）。

3. 居中式

当多人并排落座时，要遵循"居中为上"的习俗，请客人落座于中间的座位（图7-10）。

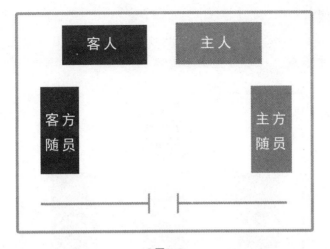

◎图7-8

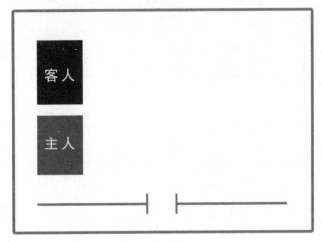

◎图7-9

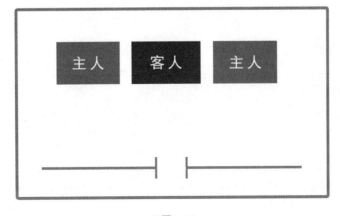

◎图7-10

4. 主席式

主席式落座方式，常用于一方同时会见两方或两方以上的客人时。落座时主人面对正门，客人坐于桌子两侧（图7-11）或背对正门落座。

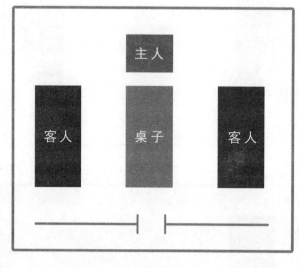

◎图7-11

5. 自由式

自由式座次是不讲究座次的一种落座方式，这种方式常用于多边会见，参与者均不分主次，自由选择座位。

6. 日常办公中的三种座次

公务人员在办公时，可以根据具体情况，选择下图由左至右的对立座次、合作座次、桌角座次（图7-12）。

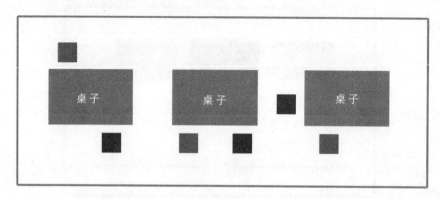

◎图7-12

对立座次易带来竞争与防御的气氛，适宜于比较严肃问题的解决。

合作座次适宜于关系比较密切的合作伙伴，来访群众或同事。

桌角座次易使人产生安全感，使交谈比较轻松和善，适宜于不十分熟悉的来访者。

接待座次视频

二、合影中的位次排列

一个正式的会见，尤其是涉外会见，宾主双方往往会安排合影留念。在安排合影时，主方要事先征求来宾意见，不要勉强对方。合影之后，要及时为来宾提供照片，要做到人手一份。要提前选择好合影场地，并进行必要的布置。要备好所需器材并提前通知对方合影的时间等。

参与合影的主客双方，多数会选择阶梯式站立方式。有时也会根据情况，安排前排人员落座。此时，要事先在座位上贴好名签。

国内与涉外合影有位次排列的区别，对此一定要加以重视。

1. 国内合影的位次

国内合影讲究前排为尊、居中为尊及居左为尊的习俗。所以，要将客方人员安排于左侧，主方人员安排于右侧。在排位时还要考虑每一排的人数是单数（图7-13）还是双数（图7-14）。

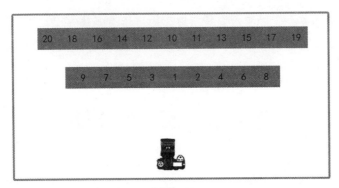

◎图7-13

2. 涉外合影的位次

涉外合影与国内合影的不同是讲究以右为尊。所以，要将来宾安排于右侧，将主人安排于左侧，并将主方身份最高者安排于中间位置（图7-15）。

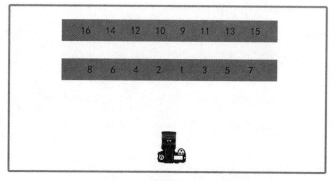

◎图7-14

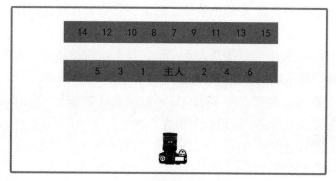

◎图7-15

思考题

（1）请回答会见时座次安排所遵循的习俗有哪些方面？

（2）请画出国内合影时，主客双方均为16人时的位次排列图。

第五节 膳宿的礼仪

公务接待中，安排膳宿要尊重来宾的习惯，要满足来宾的合理要求，要确保来宾的健康和安全，还要遵守相关规定。

在安排用餐时，要从宴请的形式、菜肴的选择以及位次的安排等方面做起。

一、安排用餐

1. 宴请的形式

目前，我国用于招待来宾的宴请形式一般有下列三种：

（1）宴会。宴会一般指比较正式的、隆重的宴请。宴会的时间多选择在晚上。

宴会前要发出请柬。宴会中要安排宾主致辞、乐队演奏等。

宴会还分为国宴、正式宴会、便宴、家宴等形式。

（2）招待会。招待会的特点是，只准备食物和饮料，不排列座次，这是一种比较自由的宴请形式。招待会的形式有酒会、茶会、咖啡会以及冷餐会等。这是在节庆时，招待多方来宾时经常使用的宴请方式。招待会在时间安排上可长可短，可早可晚。

（3）工作餐。工作餐的特点是以套餐的形式提供便餐，多在中午休息时进行。工作餐因用时较短，菜肴简单，便于交流，深受人们欢迎。

2. 菜单的确定

宴请中，在确定菜单时要认真考虑来宾的喜好。

（1）尊重来宾的禁忌。尊重来宾的饮食禁忌，可以从下列五个方面考虑：

①考虑宗教禁忌。伊斯兰教禁食猪肉，犹太教禁食无鳞无鳍的鱼类，印度教禁食牛肉等。饮食禁忌，是宗教禁忌中比较严格的必须遵守的内容。

②考虑民族禁忌。满族人不吃狗肉，蒙古族人不吃鸡、鸭、鹅的内脏，佤族人不吃黄牛的心脏等。很多民族都有自己的饮食禁忌，这需要我们引起重视。

③考虑职业禁忌。一些特殊的工作岗位，对工作人员的饮食会有所限制，这需要我们在宴请前做细致的了解。

④考虑健康禁忌。比如：高血压患者忌讳饮酒，糖尿病患者忌讳食用含糖食物等。在为这些来宾安排用餐时，一定要做到特殊对待。

⑤考虑口味禁忌。有的人不吃韭菜，有的人不吃辣椒，还有的人不吃比较油腻的食物。在安排宴请时，对个人的口味禁忌也要做到心中有数。

（2）尊重来宾的喜好。在宴请中，来宾会因品尝到喜欢的菜肴而愉悦。我们在考虑来宾喜好时，可以参考以下三个方面：

①民族特色。在安排中餐时，要突出中华民族的特色。比如：麻婆豆

腐、宫保鸡丁、烤鸭等菜肴，是深受国外来宾喜爱的食物。又比如：扬州炒饭、水饺、春卷等，是多数人喜欢的主食。

②地方风味。中国人的饮食有"南甜、北咸、东辣、西酸"的习惯。各个地方的菜肴都有其特点，如天津的"狗不理包子"，云南的"过桥米线"，上海的"小绍兴三黄鸡"，西安的"羊肉泡馍"等，我们可以根据来宾的具体情况安排。

③来宾偏好。宴请前，如果能够针对来宾的偏好安排菜单，将使宴请真正达到接待的目的。

3. 桌次与位次的安排

（1）桌次的排列。中餐席位的排列是一个非常重要的问题，我们首先分享桌次的排列。

①由两张餐桌组成的小型宴会，桌次的排列有两种形式，一种为两张餐桌横向排列，另一种为两张餐桌纵向排列。横向排列时，桌次以面向正门为准，右为上，左为下（图7-16）。纵向排列时，桌次以面向正门为准，内为上，外为下（图7-17）。

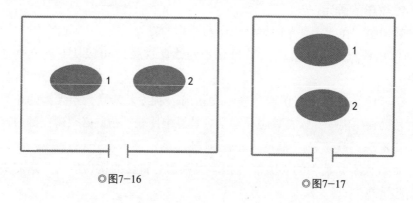

◎图7-16　　　　　　　　◎图7-17

②在有三张或三张以上餐桌时，以面向正门为准，距离门比较远、面向正门的餐桌为上，其他桌以距离主桌比较近，在主桌右侧为上（图7-18~图7-22）。

③在宴会厅有主装饰面时，桌次以距离主装饰面比较近为上，以距离门比较远为上（图7-23）。

上述桌次排列，遵循了"内侧为上""以右为上""面门为上""居中为上"的规则。

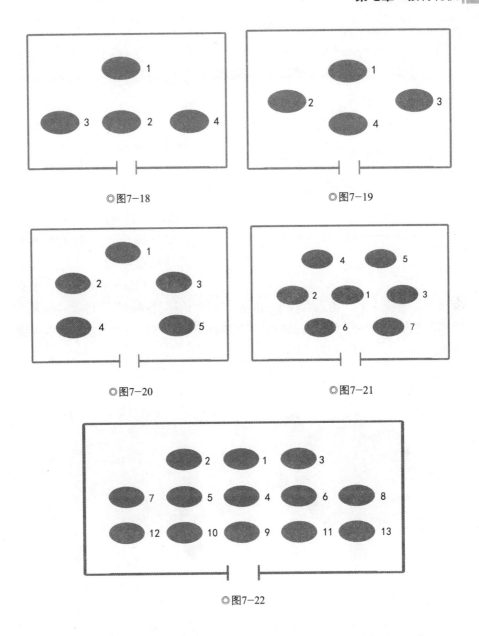

◎图7-18

◎图7-19

◎图7-20

◎图7-21

◎图7-22

（2）位次的安排。在中餐宴会上，位次排列的基本规则有以下方面：

①每张餐桌上安排的位次基本上是双数。

②主人在面对正门的位置落座，副主人在背对正门的位置落座。

③主宾在主人右侧的位置落座。其他客人的位次依主人在左、来宾在右分别在主人、主宾一侧以身份的高低顺序落座。

④除主桌之外，其他每张桌上的主人均落座于面门的位置，或面向主

桌主人的位置落座。

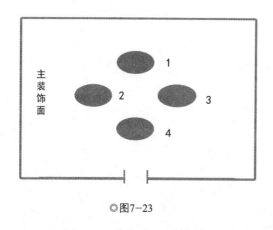

◎图7-23

上述规则会综合使用于位次排列之中（图7-24，图7-25）。

宴请中，位次的排列方法有很多种，只要不违反排列的规则，各种方法都是可以尝试的。另外，在主人身份低于主宾时，主人可以和主宾交换位置，以表示对主宾的敬重与关注。

⑤便餐的位次排列。便餐是指在公务接待中，请人数较少的同事或合作伙伴共同进餐的过程。便餐可以不拘泥于正式的位次排列，但也不要随便应付，下面五种位次安排供大家参考。

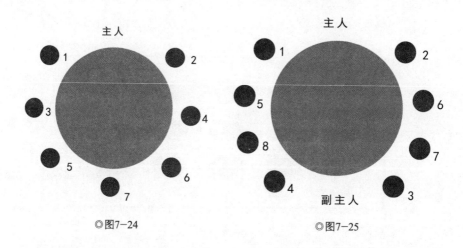

◎图7-24　　　　　　　　◎图7-25

a. 以右为上。请客人落座于右侧，自己坐在客人的左侧。因为中餐在上菜时常以顺时针方向进行，这样安排会使对方首先得到关照，使对方感到我们的细心与敬重。

b. 面门为上。面对正门的座位为尊位，背对正门的座位为卑位。所以，在请多人就餐时，将对方安排在面对正门的位置，会使对方很开心。

c. 中座为上。在多人就餐时，落座于中间位置的人是尊者。所以，要请客人落座于中间的位置会比较好。

d. 近墙为上。在请客时，为防止服务人员和其他人士的干扰，一般会将客人安排在距离墙壁比较近的位置，而不要将对方安排在靠近通道的位置。

e. 观景为上。档次比较高的餐厅，会布置一些美好的景致，还会安排席间乐。这时，要将客人安排到方便观看演出或景致的位置上。这样做，不但能让客人品尝到美食，还能让客人得到精神上的愉悦。

二、安排住宿

外交部礼宾司原参赞马保奉在《人民日报》海外版《礼仪漫谈，如何接待国宾》一文中写道：

国宾一般被安排在钓鱼台国宾馆住宿。钓鱼台国宾馆是我国专门用来接待国宾的地方，那里流水环绕、环境优美。馆内有15座独立的两层别墅楼，尤以18号楼最为辉煌壮丽。该楼从1959年启用以来，经过数次翻新改造，已经成为功能齐全、方便舒适的超一流宾馆。

18号楼的国宾套间在二楼，设大小客厅及单独餐厅、酒吧、两个宽敞卧室、卫生间以及健身房、书房。

国宾贴身警卫、医护、秘书等人员房间在国宾套间旁边，可以保证随叫随到。

国宾楼下数个套间是给随从的部长级高官准备的，为国宾与其部下谈话、工作提供了方便。总之，力求国宾住进18号楼后，使其就像在国内一样，生活、工作都感到舒适方便。

国宾到达宾馆，宾馆负责人和服务人员在宾馆门口两侧列队欢迎，男女青年向国宾献花。国宾夫妇由礼宾司长和宾馆馆长陪同上楼到国宾套间。国宾套间里已摆放好以我国家主席或政府总理名义赠送的花篮。礼宾司长和宾馆馆长陪同国宾夫妇查看套间陈设，并说明使用方法，然后告退。

国宾的随行人员中副部级以上官员住在套间，其他人员原则上一人一个单间。18号楼旁边的2号楼常用于安排国宾其他随行人员。如果随行人员太多，且是由来访国承担费用的，一般会安排在饭店住宿。目前，我国免费招待国家元首、政府首脑分别是18人、11人，一般不超过5天。

在外交部礼宾司马参赞叙述的国宾住宿礼仪中，我们看到了接待住宿中要遵守相关规定，要让来宾有"宾至如归"的感觉。

目前，来宾的住宿安排有两种通用的方法。一种是由来宾自行解决。主方只是在必要时给对方一定程度的协助；另一种是由主方解决。

当主方负责来宾的住宿时，要考虑下列三个具体问题：

（1）要根据来宾的身份、人数、性别、年龄、身体状况、生活习惯和工作需要来酌情安排。

（2）要依据接待经费预算、宾馆实际接待能力、宾馆的口碑与服务质量、宾馆的周边环境、交通状况、安全条件等因素来选择住宿地点。

（3）要考虑是否能满足来宾的基本生活需要。比如：空调、热水、卫生间、电话、电视、娱乐、办公、配套设施等要符合要求。

思考题

（1）请画出有30人参加的中餐宴请桌次、位次图。

（2）在上图中，如果你被安排在某一桌上的来宾位置，请回答在主人敬酒后，你回敬对方的顺序是什么？

（3）在安排来宾住宿时要考虑哪些因素？

第六节　乘坐交通工具的礼仪

公务活动中，经常选择的交通工具有汽车、轮船、火车以及飞机等。不论选择何种交通工具，都要维护交通秩序及遵守相关的礼仪规则。

一、乘坐汽车的礼仪

乘坐汽车时，要讲究上下车的顺序，还要讲究就座时的座次。

1. 上下车的顺序

在乘车时要礼让他人，车辆类型的不同，带来礼让方法的不同。

（1）乘坐公共汽车、地铁。乘坐公共汽车或地铁的相关顺序有四个方面：

①要在指定位置上车。

②要排队上车。

③要提前做好下车准备。

④要先下后上。

遵守以上顺序，不但能得到良好的乘车秩序，还能保证乘车的安全。

（2）乘坐轿车。乘坐轿车时，相关的顺序礼仪有两个方面：

①后上先下。公务人员在上轿车时，要先请身份、年事较高者上车。在下车时，则要自己先下车。

对于后上先下的顺序，在执行过程中要根据实际情况灵活把握。比如：当乘坐五人座的轿车时，落座于后排中间座位的人员很难做到后上先下。

②尾部绕行。在需要行至轿车的另一侧时，要由车的尾部绕行，而不要经过车的头部绕行。

2. 座次的排列

（1）公共汽车、地铁。公共汽车或地铁的座位排列规则，一般有下列四个方面：

①面向车头的座位给人比较舒适的感觉。所以，面向车头的座位高于背向车头的位置。

②车在行驶过程中，前面的座位相对比较稳定。所以，前面的座位高于后面的位置。

③"以右为尊"是国际上通用的礼仪规则。所以，以车行进的方向为准，位于右侧的座位高于位于左侧的座位。

④内侧的座位所受干扰会小些，视野也会比较开阔。所以，内侧座位高于外侧座位。

（2）轿车。 在确定轿车的座位顺序时，要考虑轿车的座位数量，还要考虑驾驶车辆人员的身份。

①双排五人座轿车。当主人驾车时，座位自高至低的排列顺序是：前排右座、后排右座、后排左座、后排中座。当专职司机驾车时，座位自高至低的排列顺序是：后排右座、后排左座、后排中座、前排右座（图7-26）。

②三排七座轿车。当主人驾车时，座位自高至低的排列顺序是：前排

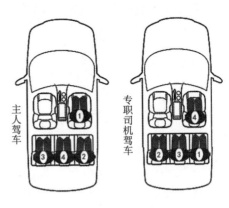

◎图7-26

右座、后排右座、后排左座、后排中座、中排右座、中排左座。当专职司机驾车时，座位自高至低的排列顺序是：后排右座、后排左座、后排中座、中排右座、中排左座、前排右座（图7-27）。

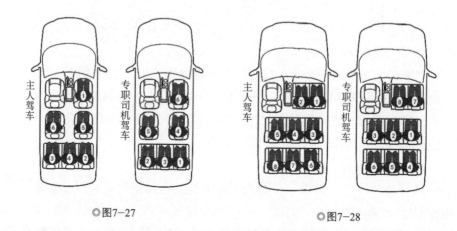

◎图7-27　　　　　　　　　　　　　◎图7-28

③三排九座轿车。当主人驾车时，座位自高至低的排列顺序是：前排右座、前排中座、中排右座、中排中座、中排左座、后排右座、后排中座、后排左座。当专职司机驾车时，座位自高至低的排列顺序是：中排右座、中排中座、中排左座、后排右座、后排中座、后排左座、前排右座、前排中座（图7-28）。

④多排座轿车。多排座轿车指四排及四排以上的轿车。在进行多排座轿车座位排列时，遵守由前至后，由右至左的规则排列（图7-29）。

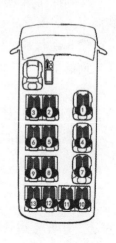

◎图7-29

二、乘坐火车的礼仪

（1）要清楚火车的座位顺序，其顺序为面向车头的位置为上，靠近车窗的位置为上，比较舒适的位置为上，以及比较方便的位置为上。

比较舒适的位置。比如：卧铺、软席等。

比较方便的位置。比如：内侧的位置、卧铺的下铺等。

（2）乘坐火车时要保持安静。在交谈、收听音乐以及娱乐时，争取不要打扰其他乘客。

一次，在法国尼斯开往巴黎的高铁上，我国几名乘客的高声说笑，遭到一位法国乘客前后两次气愤的指责。

三、乘坐轮船的礼仪

乘坐轮船时，要注意安全，要衣着得体，礼待他人。

（1）注意安全要从讲究上船、下船的顺序做起，还要与自己前方与身后的乘客保持一定距离。在乘船途中，不要在船上比较危险的地方逗留。在航行中出现意外时，要听从工作人员的指挥，不要惊慌失措。

（2）公务人员在以团队的形式乘船时，要请团队中的领导、客人、长辈、女士等先上船。在下船时，则要自己走在前边，请其他人走在后边。

在客舱中，位于上层的座位比较舒适，单人间要比多人间档次高，距离门比较远的位置比较好，卧铺要高于座席等等。

（3）在船上，公务人员要主动照顾好随行的人。比如：在有人晕船时，要积极寻医问药。

在与他人交谈时，要回避海难、台风等话题，还要注意自己的衣着要得体。

一次，在我国开往日本的轮船上，一名乘客在餐厅门口被服务生拦住。服务生说道："先生，请换一条长裤再来用餐好吧。"听到服务生的建议，这名乘客回到房间换了一条长裤。但是，当他再次来到餐厅时，又一次被服务生拦在了门外，服务生说道："先生，如果我没有看错的话，您换的是一条睡裤。"

四、乘坐飞机的礼仪

飞机是比较快捷、舒适、安全的交通工具，也是对乘客要求比较多、比较严的交通方式。

乘坐飞机时，要严格遵守规定，还要尊重他人。

1. 要严格遵守规定

公务舱及经济舱的乘客只能携带一件物品，而且重量不能超过5千克，体积要在长55厘米、宽40厘米、高20厘米范围之内。免费托运的行李，对于公务舱乘客不得超过30公斤，经济舱不得超过20公斤。

登机之前，乘客要按照相关规定接受检查。要出示机票、登机牌和个人有效证件，还要接受安检。安检主要检查乘客是否携带了违禁物品，比如：钝器、利器、易燃易爆物、超剂量的液态物等。

飞机起飞和降落时，要在座位上坐好，要系好安全带，调直座椅，收起小桌板，打开遮光板。当飞机因遇到气流发生颠簸时，不要离开座位，不要使用卫生间。机上的救生用品、耳麦、毯子等，不能带下飞机。飞机飞行中，不得打开手机。飞机起飞和降落时，要关闭所有电子设备。

2. 要尊重他人和自己

要尊重机场地面人员的工作，听从工作人员的安排。在对方给予帮助时，要表示感谢。

乘机时，要对乘务人员的帮助表示感谢。在乘务人员问候时要给予积极的应答。当对方提出建议时，要给予配合。

一次，飞机在降落前，工作人员提醒一位靠窗落座的乘客将遮光板打开。这名乘客说道："阳光刺眼，我不想打开。"乘务员耐心地说道："麻烦您，还是打开吧。"乘客不情愿地打开了遮光板。

其实，飞机起落时打开遮光板，是为了一旦遇到危险时，机上人员可以通过窗子观察情况。所以，在飞机上，乘务员给出的建议都是有一定原因的，我们要积极地配合对方。

乘机时，不要大声喧哗，不要随便走动，不要谈有关劫机、撞机等危言耸听的话题，也不要在机上更换衣服或脱鞋、脱袜子。

一次，一位女乘客呼唤乘务员说道："您帮忙看一看，是不是有人脱掉鞋子了，这空气也太糟糕了。"在这名乘客提醒之后，没过多长时间，机舱中糟糕的气味就消失了。

所以，乘飞机时，要做到不但自己比较舒适，也要使别人比较舒适，要自尊自爱。

（1）乘坐飞机时，要注意哪些问题？为什么？

（2）请安排处长、科长、秘书上、下五人座轿车的顺序（专职司机驾车）。

（3）乘机时，哪些物品必须托运？

第七节　礼品的礼仪

美国总统老布什与中国的渊源始于1974年，当时，他在北京的美国驻中国联络处工作了一年多的时间，这段时间，骑自行车成了他的喜好。

1989年2月25日，在老布什以美国总统的身份访华时，李鹏总理向老布什夫妇赠送了两辆自行车。看到自行车，老布什非常兴奋，他马上骑了上去。在那一刻，他仿佛回到了十几年前，回忆起了在中国生活和工作的情景。

李鹏总理在向老布什赠送礼品时，考虑了两个方面的因素，一是对方的喜好，二是我国是自行车大国这一国情。

在互赠礼品的过程中，礼品的给予方期待接受方能够愉快地接受礼品，并能够理解礼品所表达的情感、意愿以及象征性意义。礼品的接受方也通过礼品判断自己被重视的程度。所以，交往的双方往往是通过互赠礼品来达到调节、增进双方之间的感情，建立良好交往关系的目的的。

礼品的价值及实用性是第二位的，而情感的表达才是第一位的。

一、合理地选择礼品

礼品的选择是否合理，与我们对受礼者的观察有关，也与我们的想象力有关。对受礼者的深入了解、细致观察，可以使我们选到对方喜欢的礼品，尤其是具有想象力的礼品，可以为受礼者带来惊喜。

在选择礼品时我们要考虑五个方面的问题：

1. 要考虑对方是否乐于接受

比如：钟表、伞、鞋和梨，这四种物品的谐音是中国人比较反感的。

"4"这个数字在广东话中，听起来像是"死"，也被认为是不吉利的。

再比如：白颜色虽然有纯洁无瑕的含义，但是，白色在中国经常用于丧葬和表示贫穷。同样，黑色也被我们视为不吉利。

此外，选择礼品还要考虑宗教禁忌。

2. 要考虑礼品的象征性和纪念性意义

象征性和纪念性意义是选择礼品时要重点考虑的一个方面。

1972年2月21日，美国总统尼克松访问中国。临行前，尼克松和夫人翻阅了很多介绍中国的书籍。他们不但学习使用筷子，也专门学习了中文，而且特别吩咐秘书要选好赠送给毛主席的礼物。

经过多次精选，尼克松选定了将烧瓷天鹅艺术品作为珍贵国礼。这件礼品是由美国新泽西州波姆陶瓷艺术中心烧制的。艺术中心的创始人是美国著名生物学家、鸟禽硬瓷烧制艺术大师爱德华·马歇尔·波姆先生，这个烧瓷天鹅艺术品是他晚年的最后杰作，当时一共制作了两件，一件存放在纽约国家博物馆，另一件选为赠送给毛主席的礼品。

尼克松抵达北京当晚的6点30分，在人民大会堂北京厅举行了两国互赠礼品的仪式。我们赠送的礼品有：双面苏州刺绣屏风，玻璃纱手绣台布等。美国的礼品是尼克松总统带来的瓷塑大天鹅。

首先，由周总理代表毛主席和中国政府向尼克松总统及夫人赠送礼品，中国外交部礼宾司司长韩叙还介绍了礼品的产地和特色。之后，尼克松总统兴致勃勃地向周总理介绍了美方的礼品。礼品由一对洁白的大天鹅带领三只小天鹅组成，它象征了一个和谐美满的家庭。

尼克松说，天鹅是深受全世界人民喜爱的珍贵动物，它象征对和平、友善的祈盼，盼望它给美中两国关系带来发展的好征兆。

选择具有象征性和纪念性意义的礼品，需要我们了解受礼者的经历、爱好、生活习惯等等。

3. 要考虑礼品的观赏性

具有观赏性的礼品要体现美观、工艺精湛、质地良好、寓意积极等特征。字画、雕塑是人们经常选择的礼品。

1978年11月，泰国总理江萨赠送国务院副总理邓小平一尊柚木雕塑《大象运木》（图7-30）。泰国素有"象国"之称，温顺的大象是泰国人民最尊敬的动物，是和平吉祥的象征。而且，泰国的清迈等地所产的柚木质地坚硬，纹理美观，耐酸蚀和虫蛀，易于雕凿，深得人们的喜爱。

4. 要考虑礼品的实用性

礼品的实用性尽管不是最重要的，但是，如果礼品能够成为受礼者日常生活与工作的一部分，那么，这种礼品会给受礼者带来两方面的意义：一是能够经常回忆起美好的交往情景，使友谊永存；二是解决了日常生活与工作所需。

◎图7-30

一只水杯、一支笔和一条围巾，就可以将赠礼与受礼的双方联系在一起。以下是宋庆龄收到毛主席的礼物后写的致谢信。

敬爱的毛主席：

承惠赠山东大白菜已收领。这样大的白菜是我出生后头一次看到的。十分感谢！

您回来后一定很忙，希望您好好休息。

致以敬礼！

宋庆龄

1957年12月1日

当宋庆龄收到并吃到大白菜时，毛主席的关怀一定让她心里暖暖的。

同样，当宋庆龄了解到毛主席喜欢躺在床上批阅文件和看书时，她亲自上街买了一个又大又软的枕头，托人送给毛泽东。

5. 要考虑对方的兴趣爱好

礼品是情感的表达。如果选择的礼品恰恰满足了对方的兴趣、爱好，会给对方带来惊喜，也会使情感的表达更加充分。

一位女教师在课堂上经常穿套装。这种服装因颜色一致而给人带来呆板的感觉，她会通过佩戴领花或胸花的方法来打破这种呆板。

她生日的那一天，当准时来到办公室，打开抽屉时，一个精美的礼盒出现在眼前，她满怀好奇，一边小声嘀咕："是谁放在这里的？"一边打开了盒子。

一个紫色、精致的领花让她眼前一亮，盒子里边还有一个漂亮的卡片，卡片上写着：

师傅，您好！

祝您生日快乐！感谢您一直以来对我的帮助与扶持。

您的徒弟：××

××××年××月××日

相信，那一刻她的心情很难用语言表达，因为领花中所包含的情感是真切和丰富的。

二、恰当地赠送礼品

怎样赠送礼品才叫作恰当？我们要注意礼品的包装、赠礼的时机和赠礼的方式三方面：

1. 讲究礼品的包装

精美的包装可以提升礼品的价值及纪念意义，可以体现赠礼者郑重其事的态度，还可以突出赠礼者的良好祝愿。

在进行礼品包装时还要注意以下三个细节：

（1）将礼品的价格标签取下来。

（2）选择颜色、图案适宜的包装纸。

（3）托人转交的礼品，可以将自己的名片或是写有名字的卡片放于信封中，再粘贴在礼品纸上。

2. 讲究赠礼的时机

赠送礼品的时机，一般有下列习惯性做法：

（1）在参加比较正式的宴会时，通常在宴会结束时赠礼。对于家宴，可以在宴会开始前赠礼。

（2）在会见及会谈场合，通常是在告辞时赠礼。

（3）在欢庆、祝贺时，一般会提前或是在开始时赠礼。

此外，赠送鲜花可以选择迎接或是送别时完成。

3. 讲究赠礼的方式

当面赠送礼品是最好的方式。此外，还可以通过邮寄、代转或是礼仪公司递送三种方式。当面赠送礼品时要注意以下四个细节：

（1）在会见及会谈活动中，一般由身份最高的人代表本方向对方赠送礼品。

（2）赠礼时，对受礼者，要选择身份由高到低的顺序赠送礼品。

（3）赠礼时态度要热情。比如：要使用双手捧送，要面带微笑，要上身略前倾，还要送上美好的祝愿等。

（4）赠礼时，受礼人往往会婉言推辞。这种推辞通常有两种不同的含义，一种是受礼者很客气，礼貌地推让，并不是真正的推辞。第二种是对方拒绝礼品。当受礼者再三推辞时，就要考虑对方是否确实为难，不要强求对方。

三、礼貌地接受礼品

接受礼品时要有认真和礼貌的态度，需要从以下四个方面做起：

1. 用双手接受礼品

使用双手接受礼品是重视对方的表现，这种表现还能够使赠礼者内心愉悦。

2. 表示谢意

对赠礼者表示感谢，一方面是礼貌的表现，另一方面是为了使赠礼者从情感上得到放松。如果任何反馈都没有，往往会使赠礼者产生负面想法。

3. 观赏礼品

我们与日本人及韩国人接受礼品的方式是基本相同的，即接受礼品并表示谢意后，我们会将礼品暂时收起来，待客人离开后再将礼品打开来观赏。可是，西方国家的习惯是当场打开礼品，并对礼品和赠礼人进行一番赞扬。所以，在接受外国友人的礼品时，如果我们当场打开礼品，并对礼品进行积极的评价，会使对方很开心。

其实，合作伙伴以及同事送给我们礼品时，我们对礼品进行欣赏和夸赞会使对方很开心，这比悄悄地收起礼品的效果要好得多。

4. 拒绝礼品的方式

对方赠礼时，如果当面拒绝，尤其是没有任何理由地当面拒绝，会使赠礼者非常尴尬，甚至还会造成双方关系的破裂。我们可以暂时收下礼品，之后，再找适宜的时机向对方说明拒绝礼品的原因，在争得对方谅解后再退还礼品。

对于有明显恶意或者有行贿嫌疑的赠礼，要按照相关规定做好善后处理。

四、适时地回赠礼品

收到对方赠予的礼品后，我们要适时回赠礼品，从而表示自己的重视，加强双方的联系，增进相互之间的友谊。

回赠对方礼品时，一个比较好的办法是参考对方赠送的礼品。通过礼品的类别，我们大致可以明确对方的喜好。通过礼品的价值，我们可以确定回赠礼品的价值。

在选择回赠的礼品时，我们要注意三个细节：

（1）在选择回赠礼品时，一般不要超出对方所赠礼品的价值。

（2）在会见、会谈活动中，往往选择活动结束时回赠礼品。

（3）在日常交往过程中，不要在接受礼品后马上回礼，以免给对方造成不乐于交往的印象。

一位学员曾向我抱怨说："我去拜访一位合作伙伴，当我把带来的礼物交给对方时，没过五分钟，对方就拿出一份礼物，他一边将礼物递到我的手中，一边说：'以后再来，千万不要带礼物。'"

这位学员告诉我，对方五分钟不到就回他礼物让他感到很不舒服，好像对方有意要和他拉开距离似的。

日常交往中，如果回赠礼物，可以选择与对方道别时，还可以选择特意前去拜访对方时。这样做，既不会伤害对方的自尊心，还能够使交往持续不断，使友谊得到发展。

思考题

（1）礼品的意义是什么？

（2）怎样选择礼品？

（3）为什么要讲究礼品的包装？

第八节　窗口接待礼仪

公务服务大厅是密切联系群众，实践为人民服务宗旨的重要窗口。窗口的文明礼仪建设，直接关系到国家和政府的形象。

公务服务大厅的接待礼仪包括迎接、办理业务和送别三个方面：

一、迎接

迎接前来办理业务的群众，要做好心理准备和物质准备，要表现出热情的态度。

1. 做好准备

（1）心理准备。

在一次国家机关某服务大厅的公务礼仪培训中，一名学员讲述了他是如何做到热情、耐心地工作的。他说道："首先，要清楚地认识到自己代表的是政府，要有责任意识。其次，将来办理业务的群众看作是自己的亲人。比如：将与自己年龄相当的群众，看作是自己的兄弟姐妹。将年龄比较大的群众，看作是自己的长辈。"

这位学员良好的心理准备，不但使他能够做好工作，相信，还能使他享受工作的过程。

要杜绝将不良情绪带到工作之中，要做到不论面对什么人、什么事情都能够有一颗平常心。

（2）物质准备。开始工作之前，要认真检查所用办公用品是否齐全，还要将其放于方便取用的位置，并保证办公用品的放置有条理和比较美观。

2. 热情迎接

热情迎接群众，要从迎接的方式和迎接中的礼仪细节两方面做起：

（1）迎接的方式。目前，多数服务大厅通过"取号坐等"的方式来办理业务。作为窗口工作人员，要在叫号之后抬起头，面带微笑迎接群众，并在距离对方1米左右时问候对方，请其落座："您好！请坐。"

（2）注意细节。迎接群众时的礼仪细节有笑容要亲切，眼神要专注，问候对方时声音要热情。同时，迎接时肢体语言要积极。比如：问候的同时要点头致意，请对方落座时的手势要规范等。

二、办理业务

在办理业务的过程中，要文明礼貌，要耐心细致，要讲究方法。

1. 文明礼貌

办理业务中的文明礼貌表现在得体的仪表仪容，文明用语的使用，肢体语言的规范三方面：

（1）仪容仪表。窗口工作人员要穿好统一制服。要保证制服干净卫生，无异味。要遵守工装的穿着规则，要正确选择服装的配件以及饰物。

在窗口工作的女士要画淡妆，过了肩膀的头发要盘起来。男士要注意头发的长度前不要过眉，后不过衣领，侧面不过上耳轮。男士还要注意面部修饰。

（2）文明用语。在窗口与群众交流时要使用文明用语。"请、您、您好、谢谢、对不起、再见"这十一字文明用语不但要适时使用，还要做到语气、语调给对方和蔼可亲的感觉。

（3）体态语言。上体略前倾能给对方带来关注，轻轻地点头能给对方带来鼓励，挥手致意能给对方带来尊重。这些积极的体态能够使我们与群众拉近距离，促进合作。

2. 耐心细致

服务大厅的工作，由于群众不十分清楚业务办理的要求和程序，而时常出现障碍，这就需要公务人员养成耐心细致的工作习惯。

比如：我们经常将"百问不厌"叫作耐心，将做事周到叫作细致。

百问不厌，是讲我们在解答群众问题时，在一次或多次解答后，当看到对方还没有明白或没有完全明白时，要继续语调平和、语速适中、没有任何责备地解答问题。

做事周到，需要我们为群众想得多一些，做得多一些。

一名来服务大厅交房屋所得税的群众，当听到工作人员说自己所带材料不全时非常着急。此时，工作人员拿出一张纸，将需要带的所有材料一一写在纸上，一边交给对方一边说道："您等了这么久，好不容易等到该办您的业务了，还办不了。我非常理解您的心情。这张纸上写好了需要带的材料，请您收好。"

看到工作人员这样细致地为自己做事，对方连连道谢。

3. 讲究方法

在讲究工作方法方面，很多公务人员为我们做出了榜样，下面的案例来自国家工商行政管理局的一名工作人员。

2005年的一天，辖区内一名群众来所里申请办理餐饮个体执照，我听完他的叙述并查阅了他所提供的材料后，告诉他依据京工商109号文件的精神，居民住宅楼一层是禁止开办餐饮业经营的，并同时下载了一份文件给他。对方非常不理解，认为我故意刁难他，并破口大骂。

我向他详细解释了政府文件精神，并向其提出了合理的建议。最后，他改变了登记事项，到所里顺利完成了登记注册手续。

这名群众在领取营业执照的那一天，还给我们所送来了一块牌匾，称颂我们为他着想，为他办事。

通过这件事也给我的工作一种启示，这就是：坚持原则是我们的工作职责，讲究方法才能使我们做好工作。

这名工作人员在面对情绪过激的群众时，保持冷静的头脑，耐心说服对方，并积极想办法为其解决问题。这种在坚持原则的同时还讲究工作方法的态度，是值得我们学习和提倡的。

三、送别

礼貌地送别群众，是做事讲究善始善终的表现。送别往往是由"您的业务办好了，请您核对"或"您还有什么需要吗"的询问开始。所以，送别时不要使用"你可以走了"等类似命令式的语言，更不要在对方还没有离开时，目光就转向了其他人或其他事。

送别时要注意下列细节：

（1）提醒对方带好随身物品。

（2）面带微笑，热情地说道别语："再见！""慢走！"

（3）目光待对方转身后再转移。

公务服务大厅的接待程序及接待细节，也适用于机关的传达室、值班室等。

每一个公务员都要成为人民真正的公仆，这是全国人民对公务员的期待，也是所有公务员努力的方向，让我们在窗口岗位代表国家，做一名人民真正的公仆。

思考题

（1）为什么窗口工作人员的心理准备很重要？

（2）请讲出自己在窗口工作中的成功案例。

（3）举例说明怎样与情绪过激的群众进行交流。

第八章
涉外礼仪

随着我国经济的飞速发展，公务人员与国外友人的交流越来越频繁。这就需要公务人员提高涉外礼仪水平，树立良好的文明礼仪形象，促进和保障涉外工作的顺利展开。

第一节　周恩来的名言"外事无小事"

周恩来总理的名言"外事无小事"，其含义是在涉外事务、涉外事项当中，再小的具体事情也要当作大事慎重处置，不得草率。我们还要将凡是关系到对外开放形象的事，都当作关系到国家和人民利益的大事来对待。

多年来，周总理的"外事无小事"伴随中国的外交事业发展壮大。

1950年3月10日下午，周恩来专门组织外交人员观摩了罗马尼亚首任驻华大使向毛泽东主席递交国书的仪式。仪式结束后，周恩来又陪同毛泽东主席一起接见了外交人员。接见结束时，周恩来郑重其事地提醒大家：外事工作授权有限，所以你们要经常向国内请示汇报，外事无小事，切不可掉以轻心。

在新中国首批外交官中，有一部分是从军队中选调来的，为了使大家尽快了解外交工作，外交部专门组织了学习班，请有关方面的专家和一些国家驻华外交官前来介绍国际形势，中国的对外政策，有关国家的政治经济概况、风俗习惯，外交工作经验和涉外礼仪，其中还有学习穿西装、打领带，学习跳舞等等。

由此我们看出，重视"外事无小事"，实践"外事无小事"，首先要从提高自己的涉外素养做起。

前外交部礼宾司代司长，中国驻斯洛文尼亚共和国首任大使鲁培新，在20多年外交部礼宾司工作期间，曾参与安排周恩来总理、邓小平同志等领导人的外事活动，曾陪同江泽民、杨尚昆、李鹏等国家领导人访问20多个国家，曾参与或主持了重要国宾访华接待工作，比如：美国前总统尼克松、英国前首相撒切尔、苏联前总统戈尔巴乔夫、俄罗斯前总统叶利钦、日本天皇明仁等。

在一次某国家机关的涉外礼仪讲座中，鲁培新大使以自己亲身陪同周恩来、邓小平、江泽民等领导人出访和接待来访的生动故事，向公务人员阐述了涉外交往中要遵守自愿、自律、敬人、平等、真诚和适度的原则。

鲁大使在讲座中还说道："周总理曾要求外事人员要'站稳立场、严守纪律、掌握政策、熟悉业务'。"同时，鲁大使自己也认为，外事无小事，作为一个外事人员，一定要注重培养严谨、细致、踏实、准确的工作作风。

鲁培新大使涉外交往中遵守"自愿、自律、敬人、平等、真诚、适度"的原则，以及涉外人员要有"严谨、细致、踏实、准确的工作作风"，为我们实践周总理的"外事无小事"指出了明确的努力方向。

中国贸促会在题为《外事接待工作无小事》的经验总结中写道："做好外事工作，需要强化服务行为规范和服务意识。"文中还从"注重人员服务意识的提高和规范化的管理"方面总结了做好外事工作的七个经验。这七个经验是：

第一，制度化管理。多年来，中国贸促会机关服务中心逐步建立和完善了会议接待、安全保卫、医疗餐饮服务等方面的规章制度，依靠科学的管理方式实现安全高效和周到的外事接待目标。规范的管理成为做好外事接待工作的首要条件。

第二，规范服务。为适应外事接待的服务要求，机关服务中心在外事接待室精心选择和配置了一批形象好、素质高的人员，并常年与外事专业院校签订人员培训和交流协议，定期进行服务人员应用英语、礼宾知识、宴会服务、名菜制作等业务培训，同时严格要求所有参与接待服务的人员依照服务规范完成接待任务。

第三，细微服务。每次大中型外事活动前，机关服务中心都要制定工作预案，明确来访外宾的背景资料、来访目的、活动内容、接待方针、礼遇规格、活动日程和费用预算。重要经贸团组洽谈和经贸签约活动，接待方案需报贸促会领导审批。多年来，机关服务中心坚持的外事接待服务工作原则是：外事接待工作无小事，要做得过细、过细、再过细，想得周到、周到、再周到，强调细微服务，保证工作万无一失。

第四，整洁服务。在外事接待中，无论接待级别高低，机关服务中心要求所有餐饮设备、设施无论档次高低都必须符合国家卫生标准，保持清洁；会议室、餐厅用具、用品摆放整齐有序；服务人员、工作人员着装整洁统一、干净卫生。

第五，礼貌服务。礼貌服务反映了员工的文化素质和单位整体水平，礼貌款待会使客人有宾至如归之感。在接待工作中，要求服务人员做到真诚、主动，以愉快和友好的方式提供微笑服务。

第六，快捷服务。想客人之所想、急客人之所急，在任何一件小事上都避免让客人等候。机关服务中心要求所有工作人员在客人需要帮助时，必须有快速提供服务的意识，为客人提供方便，一时难以解决的问题要向客人做好解释工作。

第七，信任服务。服务是建立在服务人员的良好职业道德和高度责任心之上的，在服务中突出细腻、主动、热情，在信任的基础上提供舒适、安全、方便的服务。

中国贸促会的涉外接待经验，为我们提供了实践"外事无小事"的具体做法。

罗融融、贺之晏在《广西日报》发表的《外事无小事》一文中写道：

外事部门是一个国家、一个地区对外开放的窗口，代表了一个国家或一个地区的形象，它理所当然地成为对外形象代表。不论从哪个方面来说，外事人员在对外交往中都发挥着重要作用。日常的外事工作，往往繁杂不堪，异常琐碎，它要求外事人员具有极强的耐心与极高的热情。

比如：在南宁举办中国—东盟博览会期间，外事部门在接待有着不同宗教习俗宾客的工作方面做得细致入微，赢得了这些国家代表团成员的满意。印尼、文莱、马来西亚等国政府代表团中的大部分代表都信仰伊斯兰教，博览会期间正好是穆斯林的斋月，代表团的所有团员只能在凌晨用餐。印尼贸工部出口促进署主席卡萨里说："我们这个团在凌晨3时让宾馆准备早餐，没想到仅半个小时后所有食品都摆上了桌，这在别的国家是达不到的。我们对饮食品种也很满意，表明你们事先已做了精心准备。"此外，在这些国家代表团成员下榻的宾馆房间，工作人员都细致地在他们房间内注明了东方的地理方位，方便代表团成员每天做朝拜。

广西南宁的外事人员，一切从国外友人的利益出发，尊重对方的习俗、习惯的工作理念以及做事方法，为我们树立了学习的榜样。

周恩来总理"外事无小事"的名言，将永远是涉外交往的做事指南。

（1）怎样理解周总理的"外事无小事"？

（2）涉外交往中，怎样做才能体现出"外事无小事"的做事理念？

第二节 涉外礼仪的基本原则

涉外礼仪的基本原则，是对国际上通行的涉外礼仪的高度概括和基本要求，体现了涉外礼仪的基本规律。

一、尊重的原则

相互尊重是涉外交往中的行为准则与基本要求。其核心内容是维护交往双方的尊严。

（1）要做到自尊自爱。要热爱祖国，始终把祖国和人民的利益放在首位。还要将自尊自爱落实到行动之中。比如：仪容仪表要得体，言谈举止要适度，待人接物要讲究规范。

（2）要尊重他人。尊重他人要从两方面做起，一是要坚持主权平等，这是涉外礼仪中最重要的原则。任何国家不论大与小，穷与富，都有独立自主处理自己事务的权利。要尊重对方的政治制度、宗教信仰、风俗习惯，涉外活动的各项安排要通过相互协商的办法解决。二是要坚持人格平等。不论对方的职务是高还是低，不论对方是什么种族，其作为权利义务的主体资格是平等的，都应该给予尊重。

二、对等的原则

在涉外交往中，不论是双边还是多边交往在礼遇和规格上要大致对等。

（1）正式的、重要的涉外场合，交往双方人物的级别要大致对等。比如：我国礼宾规定，外国元首正式访问，要由国家主席亲自主持欢迎仪式。

（2）交往双方接待规格要大致对等。比如：我国礼宾规定，国家元首来访，我方一般免费接待一定人数。对方接待我国国家元首访问，也要免费接待相同的人数。

涉外接待中，按照国际惯例，可以安排级别稍低一些的人员出面。通过交往双方协商，接待的规格也可以有所差别。

三、不卑不亢的原则

堂堂正正、坦诚乐观、从容不迫是涉外交往中应有的态度。不卑不亢要从以下两点做起：

（1）不要低三下四、畏惧自卑。在国外友人对自己做出的成绩、自己的长处以及付出的努力给予赞扬和感谢时，要大大方方地接受。

（2）不要妄自尊大、骄傲蛮横。要保持一颗平常心，既要热情，又要掌握好分寸，不要干预对方的私生活，不要做超出规定的事情。

在涉外交往的原则性问题上，一定要维护国家和自己的利益，绝对不能做有失人格和国格的事情。

四、内外有别的原则

在涉外交往中，交谈的内容、交往的方式、礼仪的形式都内外有所区别。

（1）交谈内容有别。一些内容在内部交谈中不是秘密，但是，在外部交谈中就有可能带来不安全因素，甚至带来巨大的损失。所以，在涉外交往中要明确哪些内容是可以对外的，哪些内容是不可以对外的。

（2）交往方式有别。与外方进行的所有公务交往都要经过请示，得到上级领导同意后才可以进行。外事授权有限，不可以擅自做主，违规操作。

（3）礼仪形式有别。许多用于涉外交往的形式，不一定适用于国内。比如：迎接国外来宾时，要铺红地毯、鸣礼炮、检阅仪仗队等。

五、求同存异的原则

各国礼仪因宗教、文化、生活习惯等不同，而存在很大差异。在遇到与客方的民族习惯相冲突的问题时，我们可以参照以下方法：

（1）遵守国际惯例。国际惯例是在国际交往中逐渐形成的，为各国承认并接受的习惯做法。所以，国际惯例反映了国际礼仪的共同性。

（2）借鉴以往案例。在涉外交往中，多次的成功案例就会成为惯例。所以，在遇到不熟悉的某个礼仪程序或礼仪内容时，我们可以参考前人的成功做法。

（3）把握以我为主，兼顾他方的涉外交往原则。"以我为主"就是以东道主的礼仪为主，"兼顾他方"就是不要与交往对象的礼仪习俗发生冲突。

六、入乡随俗的原则

尊重对方习俗是涉外交往中的重要原则，这需要我们了解不同国家的风俗习惯。

比如：在人际交往中，各国有着迥然不同的待客方式。

非洲有些土著居民非常好客，待客时有一种很不一般的礼节，就是主人用刀划破自己的皮肉，将流出的鲜血献给客人喝，以此表示对客人的敬重。

俄罗斯民族有亲人去世后，将其埋在家门外的习俗。所以，他们将把客人"送出门"看作是不吉利，在送客时从不走出家门（图8-1）。

◎图8-1

我们要尊重对方的习俗，要做到"客随主便"，不要妄加评论。

七、信守约定的原则

信守约定是涉外礼仪的道德基础，也是中国的传统美德。

（1）要做到慎重给出承诺。要三思而后行，要量力而行。承诺要力求准确，不可含混不清，以免引起歧义。

（2）要做到严守承诺。对于做出的承诺，要做到说话算数，不能言而无信，出尔反尔。

（3）如果由于某种原因无法履行约定，要提前通报对方并真诚地道歉，以便对方做出调整。要如实说明原因，以求得到对方理解或谅解。对于给对方带来的损失，要在力所能及的前提下给予必要的补偿。

八、尊重隐私的原则

个人收入、年龄、婚恋、健康、家庭状况、个人经历、信仰、所忙事务等，都属于个人隐私。这些内容往往是人们不愿意公开，不愿意让外人了解的个人秘密。

（1）要做到不主动了解他人隐私。

（2）要做到不传播、不泄露他人的隐私。同时，也要注意保护自己的隐私。

九、女士优先的原则

女士优先是国际上通行的一条涉外原则。比如：在与西方发达国家人员的交往中，问候时先问候女士，行走时让女士先行，进门时让女士先进，让座时让女士先落座等。这是尊重女士、照顾女士、体谅女士、保护女士的表现。

但在阿拉伯国家、南亚地区、东南亚地区以及东亚地区的部分国家，一般不太讲究"女士优先"。

十、以右为尊的原则

以右为尊是国际上通行的位次排列惯例。居于场所中心、行动最为方便、视野最为开阔是确定最佳位次的三个因素。

"以右为尊"不仅仅用于涉外人员的排序，在桌次、国旗悬挂、轿车、飞机座位等多个方面都适用。

思考题

（1）出国访问，在不习惯对方的礼俗时，我们应该怎么办？为什么？

（2）为什么要遵守内外有别的原则？

（3）隐私的内容有哪些？

第三节　美国礼俗

一、基本概况

美国的正式名称是美利坚合众国。美国的领土由本土、位于北美洲西北部的阿拉斯加半岛和位于太平洋中部的夏威夷群岛三个部分组成。它的北部与加拿大交界，南部与墨西哥和墨西哥湾相接，西部面临太平洋，东部濒临大西洋。总面积为936.31万平方千米，海岸线约22680千米。

在英语里，作为国名的"美利坚"与作为洲名的"亚美利加"是相同的词。在中文里，人们习惯于用前者代表美国，以后者代表美洲。

美国的行政区划分为50个州，1个特区。首都是华盛顿，其全称是"华盛顿·哥伦比亚特区"。

目前全国总人口3.874亿。在全国居民中，白人约占84.1%，黑人约占12.4%，还有少量的土著人及亚洲人、南美人。

主要宗教是天主教和基督教。约有57%的居民信奉基督教，28%的居民信奉天主教。

美国实行总统制共和政体。国庆日是7月4日。

1979年1月1日与我国建立了大使级外交关系。

二、社交礼仪

在待人接物方面美国人有以下五个特点：

1. 随和健谈，容易接近

美国人为人诚挚，乐观大方，天性浪漫，好交朋友。在交际场合，他们喜欢主动与他人打招呼，并乐于主动与人攀谈。

在美国人看来，人缘好，善于结交朋友，是取得个人成功的基础条件。

2. 重视平等，不愿张扬

美国人很重视平等待人。很多美国人反感将声誉、学识、阅历、社会地位、年龄及辈分等置于显要位置。日常生活中，他们往往不会将贵客让于"贵宾席"上。在美国，人与人之间互相谦让的情况比较少，人们喜欢平等待人的交往方式。

金钱是美国人际关系的生命线。请他人帮忙或做事，必须付钱，即使是父母与子女之间也是如此。

3. 热情开朗，不拘小节

在日常生活中，美国人主张凡事讲究实效，反对搞形式主义。

美国人的见面礼一般是点头、微笑，或是进行"嗨"或"哈啰"的简要问候。他们通常将国际上最为通行的握手礼也略去。

在称呼他人时，美国人很少使用全称。他们更喜欢交往对象直呼自己的名字，以示双方关系的密切，有时他们也会比较随意地完成握手礼。当介绍他人时，他们往往将"先生""太太""小姐"这种简单的称呼也略去。在社交活动中，如果需要提前退席，退席的人只需向大家挥一挥手，不需要正式告辞。

美国人由于没有家族世袭名衔，所以，在日常生活中他们习惯用职衔称呼他人。这些职衔主要有高级官员的职衔、军衔，高级知识分子的学衔，宗教衔等。比如：某某总统、某某将军、某某博士、某某法官、某某医师、某某神父等。

4. 城府不深，喜欢幽默

美国人一般都比较朴实、率真。他们喜欢直来直去，不习惯"听话听声，锣鼓听音"之类的做法，过于委婉、含蓄会让他们不知所措。

美国人的处世风格是比较潇洒、浪漫。他们喜欢享受生活，喜欢笑面人生，他们还喜欢开玩笑。

5. 自尊心强，好胜心强

美国人在人际交往中大都显得雄心勃勃，做事也讲究坚持到底。在美国，处处依赖父母的青年人会让人瞧不起。

在美国，即使是父子、朋友关系，在外出用餐时也会各付其账。他们认为，借钱应该去银行，向亲人、朋友借钱是索要行为。在一生中，美国人认为不搬几次家、不换几次工作是不可思议的。

在人际交往中，美国人比较傲慢自大，唯我独尊。一些美国人认为，世间的一切事物都是美国第一。对于外国的事情，他们总是以自己的经验作为判断是非的标准，他们喜欢指手画脚，妄加评议。

三、服饰礼仪

美国人平时的穿着打扮不太讲究。他们崇尚自然，讲究个性，偏爱比较宽松的衣着。衣冠楚楚的美国人只有在音乐厅、宴会厅、大公司的写字楼才比较容易看到。

美国人认为，一个人的着装，必须因其所处的具体场合，或是所扮演的具体角色而定。一个人穿着西装、打着领带去轧马路、逛公园是不得体的。穿着夹克、T恤、短裤、健美裤赴宴、上班或出席音乐会等，也是极不得体的。

美国人的八个服饰习俗如下：

（1）美国人非常注意服装的整洁。在一般情况下，他们的衬衣、袜子、领带必须一天一换。

（2）拜访美国人时，进了门一定要脱下帽子和外套，他们认为这是礼貌的表现。

（3）美国人十分重视着装的细节。在美国人看来，穿深色西服套装时穿白色袜子，或是女士将丝袜的袜口露在外边，都是缺乏基本着装常识的表现。

（4）在美国，如果女士穿黑色皮裙，会被视为非"良家妇女"。

（5）在美国，如果一位女士随随便便地在男士面前脱下自己的鞋子，或撩动自己裙子的下摆，会被认为是轻浮的表现。

（6）穿着睡衣、拖鞋会客或外出，都会被美国人认为是没有教养的。

（7）女士当众化妆、补妆，会被美国人认为缺乏教养。

（8）如果在室内依然戴着墨镜，会被美国人视作"见不得阳光的人"。

四、饮食礼俗

美国人一日三餐既随便又简单。他们的早餐往往是牛奶、果汁、鸡蛋和面包。午餐是人们自带的三明治再加一根香蕉，冲一杯咖啡，半小时左右就能解决午餐。其晚餐常常是准备两个菜，再加一些点心、水果等。

美国人喜欢吃食"生""冷""淡"的食物，他们不刻意讲究形式与排场，但是，比较强调营养搭配。他们以食肉为主，牛肉是他们的最爱，鸡肉、鱼肉、火鸟肉也非常受美国人欢迎。如果是非穆斯林或犹太教，美国人通常不忌讳吃猪肉。

美国人不吃的食物有狗肉、猫肉、蛇肉、鸽肉，动物的头、爪、内脏。生蒜、韭菜、皮蛋等也是美国人比较反感的食物。

美国人喜欢吃快餐。热狗（面包加香肠被美国人称为热狗）、炸鸡、土豆片、三明治、汉堡包、面包圈、比萨饼、冰激凌等等，已成为美国人餐桌上的主角。

据说热狗源于德国。1852年，德国的法兰克福屠宰公会制成了一个狗形香肠，后被逐渐传为一道名菜。1904年，在美国的一次博览会上，卖香肠的老板怕顾客烫手，便将香肠裹在了长形面包中。几年后，一个画家画了一根正在讲话的香肠，起名为"热狗"。很快，"热狗"之称传遍各国。热狗方便、口味好，深得美国人喜爱。

美国人爱喝的饮料有冰水、矿泉水、红茶、咖啡、可乐及葡萄酒。新鲜的牛奶、果汁是他们天天要喝的饮料。

美国人用餐时一般用刀叉。他们习惯用左手拿餐叉，右手拿餐刀先将食物切割好，之后放下餐刀，将餐叉换到右手中，用右手拿着餐叉进食。

美国人在用餐时有下列禁忌：

（1）进餐时发出声响。

（2）替他人取菜。

（3）吸烟。

（4）劝酒。

（5）谈论令人作呕的事情。

五、习俗及禁忌

美国人喜爱山楂花与玫瑰花。对于美国的国花，一种说法是山楂花，另一种说法是玫瑰花，还有一种说法是玫瑰花是国花，山楂树为国树。

美国人普遍喜爱狗，他们认为狗是人类最忠实的朋友。所以，他们非常厌恶吃狗肉的人。美国人认为毛驴代表着坚强，大象代表着稳重，而且，这两种动物分别是共和党、民主党的标志。

白头雕（或称白头鹰、秃鹰）是美国人最珍爱的飞禽。它不但成为美国国徽上的主体图案，还被定为美国的国鸟。蝙蝠被美国人视为吸血鬼及凶神，这是令美国人反感的动物。

美国人忌讳养黑猫，他们认为黑色的猫会给人带来厄运。

美国的国石是蓝宝石。

美国人最喜欢的颜色是白色，他们认为白色象征纯洁。白色康乃馨寓意为"向母亲祝福"。

白猫也成为美国人很喜欢的宠物，它被视为可以给人带来好运的动物。

美国人喜欢的颜色还有蓝色和黄色。由于黑色在美国主要用于丧葬活动，因此，美国人比较忌讳黑色。

美国人忌讳的数字是"13"。他们不喜欢的日期是星期五。已故的前总统罗斯福，在宴请场合出现13人时，经常请自己的秘书雷格斯·图利充当第14位就餐者。所以，他的秘书经常会在开餐前的几分钟被呼唤到宴会桌旁。

美国人与他人打交道时，比较喜欢运用手势或体态语来表达自己的情感。但是，他们非常忌讳下列体态语：

（1）盯视他人。

（2）朝着他人伸舌头。

（3）用食指指点交往对象。

（4）将食指横在喉头之前。

美国人认为，这些体态语是对他人的侮辱。

在公众场合和他人面前，美国人绝对不会蹲在地上或是落座时打开双腿。美国人认为这两种动作是失礼的行为。

美国人与同性打交道时有很多讲究。在美国，成年的同性同居，在公共场合牵手或勾肩搭背，在舞池里相邀共舞等，都会有同性恋的嫌疑。

美国人认为个人空间是不可冒犯的。在与美国人相处时，要与其保持适当的身体距离。与其发生身体碰撞时要及时道歉，坐在他们身边时要征求对方的意见，谈话的距离要保持在50厘米以上。

标榜个性独立的美国人，非常忌讳别人打探自己的个人隐私。在美国，询问对方收入、年龄、婚恋、健康、籍贯、住址、种族等问题，都是不礼貌的。

美国人大都认为"胖人穷，瘦人富"，所以，他们听不得别人说自己

"长胖了"。美国人忌讳谈论政党之争、投票意向与计划生育。

美国人很重视赠送礼品的礼节。他们在拜访他人时，会带上儿童玩具、糖果、化妆品等礼物。他们到朋友家度周末时，会给女主人带上一本书、一盒精美的糖或一束鲜花等。在选择礼品时，美国人忌讳香水、内衣、药品以及广告用品等。

思考题

- -

（1）美国人在待人接物方面有什么特点？

（2）美国人有哪些忌讳？

第四节　日本礼俗

一、基本概况

日本国位于亚洲东部的太平洋西侧，是一个岛屿式国家。全国由本州、北海道、九州、四国四个大岛和三千多个小岛组成。总面积为37.78万平方千米。

日本国其国名的含义是"太阳升起的地方""樱花之国""造船之国""日出之国""钢铁之国""贸易之国"等。

全国总人口为1.252亿，由阿伊努人、大和族人、朝鲜人、华人组成，其中大和族人数占99%。

日本的主要宗教有佛教和神道教，神道教崇拜"天照大神"，日本绝大多数人信奉神道教。

日本是君主立宪制政体，1972年9月29日与我国建交。

二、社交礼仪

日本人以鞠躬为见面礼，行礼时非常注重毕恭毕敬，在鞠躬的度数、时间和次数上有许多讲究，以此表示对对方的尊敬程度。他们的鞠躬分为15°、45°和90°三种，面对不同的对象行不同的鞠躬礼。在一天中，日本人鞠躬的次数非常频繁，他们即使在打电话中的告别时，也要以鞠躬表示谢意。据统计，一位电梯女司机，每天向乘客鞠躬的次数可达到2500次以上。在鞠躬时，日本人的习惯是手中不能拿着东西，不许将手插在衣袋中，不允许戴着帽子。男士可以一边鞠躬一边行握手礼，女士则只行鞠躬礼。在行礼时还要热情地问候对方。由此看出，日本国是一个"礼多人不怪"的民族。

在日本，行跪礼和摇屐礼也很常见。在日本的很多乡村，当亲友送别时，女子的告别礼是跪礼。男子的告别礼是行摇屐礼，即手持木屐在空中摇晃，这种礼节从古代一直沿用至今。

日本人有"鞠躬成自然，见面递名片"的讲究。在与他人初次见面时要交换名片，否则就会被认为不愿意与对方交往。

日本人讲究清洁卫生，有每天洗澡的好习惯。他们喜欢请人一起去浴室洗澡，并将其称作"裸体相交"，他们认为这样做可以使人减少约束。

在日常交往中，日本人常用的问候语有："您好""晚安""您早""再见""对不起""打搅您了""请休息""失陪了""拜托了""请多关照"等。他们习惯的称呼有："先生""小姐""太太"，在姓氏后加"君"字也是他们称呼对方的习惯，在正式场合一般会称呼对方全名。

在社会生活中，为了不打搅他人，日本人讲话的声音很小，女士在笑时会用手掩唇、办公室内的公务员会安安静静地办公，电话铃上还会配有抑音的特殊装置。他们的礼貌意识是："不给人添麻烦。"在外人面前，他们能做到即使自己心情不好，也要满脸堆笑，因为，他们认为这是做人的基本礼貌。

在馈赠礼品时，他们严禁使用"4""6""9""42"这些数字，或选择这些数量的礼品。他们认为这些数字是不吉利的。他们还严忌将梳子当作礼品，即使在豪华的酒店，也严禁主动将梳子摆在客房供客人使用。这其中的原因是，日文中梳子的发音与"苦死"相同。所以，人们认为梳子会给自己带来晦气。

"OK"手势在很多国家被赋予积极的含义，但是，当日本人打出"OK"手势时，表示的却是"钱"的意思。

三、服饰礼仪

日本人认为衣着不整是没有教养，也是不尊重交往对象的表现。

在正式场合，即使是在炎热的天气里，日本人也会西装革履。日本的民族服装是"和服"，和服也叫作"着物"。公元8～9世纪，日本盛行"唐风"服装，和服便是中国隋唐服饰的改制产物。

在正式场合，日本忌讳穿便服或只穿衬衣、短袖衬衫。

到日本人家里做客时，进门前要脱下大衣、风衣和鞋子。

参加他人的婚礼时，日本女士要穿着色彩明快的服装，但鲜艳的程度又不能超过新娘。男士要穿黑色西服，并系上白色领带。

在参加葬礼时，日本男士要穿着黑色燕尾服或西服，要系黑色领带。女士则要穿黑色套裙或黑色连衣裙。

四、餐饮礼仪

日本人以大米为主食，他们喜欢吃海鲜、蔬菜，口味清淡偏甜并忌油腻。他们忌食肥猪肉和猪下水，还有部分人不吃羊肉和鸭肉。

日本人喜爱喝酒、饮茶。男士下班后，一般喝完酒才会回家。在日本，没有人笑话醉酒的人。他们讲究斟酒时要满杯。日本茶道有"和、敬、清、寂"的讲究。

进餐时，日本的男士会盘腿而坐，女士则选择跪坐。在使用筷子时还有下列忌讳：

（1）忌舔筷。不能用嘴啃舔筷子上的汤汁。

（2）忌迷筷。不能用手拿着筷子在餐桌上晃来晃去。

（3）忌移筷。不能夹起菜后还没有吃，就马上去取另一个菜。

（4）忌插筷。不能将筷子插在饭菜里，他们认为这样很像祠堂中的供品。

（5）忌掏筷。不能用筷子在饭菜里扒来扒去。

（6）忌跨筷。不能将筷子跨放在餐具上。

（7）忌签筷。不能将筷子当作牙签使用。

（8）忌泪筷。不能让筷子上的菜汁滴个不停。

（9）忌碎筷。不能使筷子上带着细碎的菜肴。

（10）忌通筷。不能用一双筷子，让大家依次夹取菜肴。

日本人认为不能将饭盛得太满，还不能一勺将饭盛满。在做客时，日本人认为不能只吃一碗饭，不能将第一碗饭吃干净再盛第二碗。在主人递来饭菜时要双手去接，接过来后要先放在桌子上，稍后再端起来吃。用餐完毕，要将筷子放在水里浸一浸，用餐巾擦干后放在桌子上。

五、习俗禁忌

日本人忌讳绿色和紫色，他们认为这两种颜色意味着不祥和悲伤。他们喜爱白色和黄色。

他们反感荷花，因为荷花在日本多用于丧葬活动。

在探望病人时，不能给病人送带泥土的菊花，因为这种菊花在日本有"扎根"的含义。

日本人反感金色的猫和狐狸，他们认为这两种动物代表着"贪婪"和"狡诈"。但是，他们喜欢猕猴、雉和乌龟。

在与人合影时，日本人都不愿意站在中间，他们认为被夹在中间是不祥的征兆。

他们不愿意接受别人给自己点烟，也绝对不给别人点烟。

在与人交往时，他们认为看着对方的眼睛是失礼的，看着对方的脖子或肩膀才是礼貌的。

日本人在参加他人婚礼时，忌讳说"完了""破碎""重复""回""归"等语言。忌讳询问年轻女士的年龄和婚姻。对残疾人，他们不允许说"残疾"之类的词语，而要称对方"身体障碍者"，称盲人"眼睛不自由的人"，称耳聋者"耳朵不自由的人"。他们忌讳询问对方"还没吃吧？""你吃了没有？"等。

日本国是一个男尊女卑的国家，一切礼让均是先男后女。

许多日本人睡觉时，认为不能将头朝向北方，他们认为那将预示着早死。

日本人在寄信时，如果将邮票贴倒了，他们认为那是断交的意思。而且，在信封上写字要选择纵向，不能选择横向。

思考题

- -

（1）日本人在待人接物方面有什么特点？

（2）日本人有哪些忌讳？

第五节　西餐的礼仪

西餐传入我国已有一百多年的历史，它越来越受到人们的喜爱。我们在吃西餐时，要懂得西餐知识。

一、西餐的位次排列

西餐的位次排列有约定俗成的规则，这些规则表现在下列五个方面：

1. 女士为尊

在西方，女士在社会上有重要的地位，她们处处受到人们的尊敬，这种尊敬在用餐的位次排列中表现得很突出。比如：餐桌上的主人是女主人，而不是男主人。

2. 主宾为尊

在用餐时，要请男女主宾分别在男女主人身旁就座，以便使他们受到更多的照顾。

3. 以右为尊

以右为尊是位次排列中的一个重要规则。在餐桌上，主人右手边的座位要高于左手边的座位。所以，在就餐时，人们经常将男女主宾分别安排在男女主人的右手一侧。

4. 以近为尊

西餐位次的安排，还会考虑距离主人的远与近。一般情况下，距离主人近的座位，其受尊重的程度要高于距离主人远的位置。

5. 交叉落座

在西餐位次的排列中，男士与女士是交叉落座的。所以，我们对面以及身旁的人是和我们性别相反的人。西方人认为，这种位次排列方式有利于互相之间的交流。

西餐的餐桌有圆桌、长桌和方桌，通常使用的餐桌是长桌。长桌的位次排列有两种形式：

（1）男女主人在长桌中间面对面落座，来宾按照其身份，男女交叉落座。长桌的两端可以安排席位（图8-2），也可以不安排席位（图8-3）。

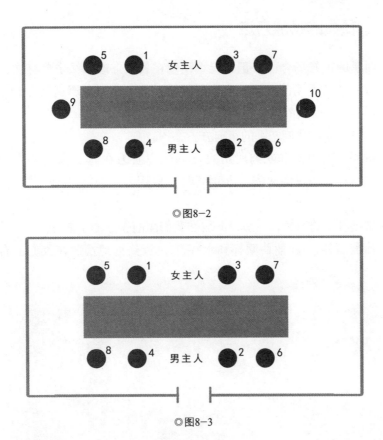

◎图8-2

◎图8-3

（2）男女主人分别落座于长桌两侧（图8-4）。

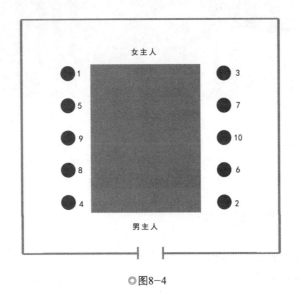

◎图8-4

二、餐具的摆放方法

在西餐的正餐场合，一般情况下出现在餐桌上的刀叉主要有：吃黄油所用的刀、吃鱼所用的刀叉、吃肉所用的刀叉、吃甜点所用的刀叉等。它们的形状不同，摆放的位置也不同。

黄油刀横放在我们左手的正前方。

吃鱼所用的刀叉和吃肉所用的刀叉，以餐刀在右、餐叉在左的规则分别纵向摆放在餐盘的两侧。在用餐时，取用刀叉的顺序要由外侧向内侧取用。

吃甜点所用的刀叉，一般横向放在我们面前餐盘的正前方。

白葡萄酒杯、红葡萄酒杯和水杯，由近到远地摆放在我们的右前方（图8-5）。

◎图8-5

1—餐盘　2—正餐刀　3—正餐叉　4—鱼刀　5—鱼叉　6—汤匙
7—开胃品刀　8—开胃品叉　9—甜品叉　10—甜品匙　11—面包盘
12—黄油刀　13—水杯　14—红葡萄酒杯　15—白葡萄酒杯

三、刀叉的使用方法

刀叉的使用方法有两种：

（1）在进餐时始终用右手持刀、左手持叉，边切割边叉食食物，这是一种公认的比较文雅的刀叉使用方法（图8-6）。

（2）先用右手持刀、左手持叉，将盘中的食物全部切割好，再将右手的餐刀斜放在餐盘的前方，并将左手的餐叉换到右手开始进食。

◎图8-6

在正式宴会场合，使用第一种方法比较好。在便宴场合，也可以选择第二种方法。

在使用刀叉时要注意以下几个细节：

（1）在切割食物时，要两肘下沉，这是一种较好的"吃相"。如果两肘位置较高，将会妨碍他人，还会给人不太雅观的感觉。

（2）在切割食物时，不要搞得叮当响。

（3）要将食物切得大小适宜，最好以能一次入口为度，以免一口口地咬着进食。

（4）要用餐叉叉食食物，不要用刀扎着食物进食。

（5）临时放下刀叉时，要刀口内向，叉齿向下，放于餐盘边沿。

（6）当不小心将刀叉掉落在地上时，不要捡起来继续使用，应请服务生帮助换一副新的。

最后，我们还需要了解有关刀叉的常识。

一次，一位男士去品尝西餐。他在用餐的过程中因需要处理其他事情，前后两次离开了座位。可是，每当他回到餐桌时，都发现服务生将他的刀叉和食物撤掉了。对于服务生的做法，男士非常气愤。质问服务生后他明白了，这是自己不懂得刀叉摆放的方法造成了尴尬。

在用餐的过程中，如果将刀口内向，叉齿向上，刀叉平行摆放，或是刀在上，叉在下地交叉摆放在盘子里。这是在暗示服务生：请将刀叉与餐盘同时撤掉，用餐完毕（图8-7）。

在与人交谈或是临时离开餐桌时，要将刀口内向，叉齿向下，呈八字状放于餐盘上。这是在暗示服务生：此菜还未用完，请不要撤掉餐盘和刀叉（图8-8）。

◎图8-7　　　　　　　　　　　◎图8-8

四、餐巾的使用方法

餐巾在用餐中起着两种作用，一是保持卫生，二是传达信息。

餐巾一般有正方形和长方形两种。在用餐前，服务生会将餐巾叠成各种美丽的造型，放于水杯中或餐盘上。

在用餐时，不论是正方形还是长方形餐巾，都要将其对折后放在自己的大腿上。

正方形餐巾要对折成三角形，将折口朝向膝盖方向，在大腿上铺平。

长方形餐巾要在对折后，将折口朝向膝盖方向，在大腿上铺平。

以上过程都要在桌子下面进行，而且动作要轻柔。

餐巾可以用来擦嘴。用餐过程中，可以用餐巾擦拭嘴上的汤汁，尤其是在与人交谈前，一定要用餐巾擦拭后再讲话。

不要用餐巾擦手、擦脸、擦汗，更不要用餐巾来擦餐具，以避免服务生认为我们对餐具的卫生不放心，前来为我们更换餐具。

用餐中或用餐结束后，在剔牙时，可以用餐巾掩住口部。比如：左手拿起餐巾，右手拿着牙签来剔牙。

在宴会上，主人一般会用餐巾示意大家开始就餐。当我们看到主人将餐巾铺好时，就可以开始用餐了。

在用餐的中途如果要暂时离开，我们可以将餐巾放在自己的椅背上。如果我们将餐巾放于餐桌上，服务生会认为我们已经用餐完毕，他会马上前来"撤席"。

主人还会使用餐巾示意用餐结束。当主人将餐巾折叠整齐，放到餐桌上时，是在向大家宣布用餐结束。赴宴的人也可以用这种方法，示意在座的人"我已经吃饱了"。

五、西餐的食物、酒水及品尝方法

请大家参照表8-1的内容，了解西餐食物、酒水及品尝的方法。

表8-1

种类	食物名称	使用餐具	进食方式	其他
汤	红菜汤等	汤匙	右手持勺，自近而远（桌心）将汤舀起	汤见底，可用左手将盘向桌心倾斜后舀起
主菜	鱼	刀叉	用刀叉将骨刺剥出，切成小块，以叉食之	可加上一些柠檬汁，去除鱼腥味
	肉	刀叉	切成大小可一次入口的块状，以叉食之	一般要从左向右取食
	鸡	刀叉	从鸡胸部剖成两块，切块食之	不要将鸡翻身，要力求完整
点心	三明治		可用双手捧着进食	块较小时，可用右手捏着食用
	烤土豆	刀叉	切成适当的块状，以叉食之	可浇上一些专用肉汁
	通心粉（意大利面条）	汤匙叉	左手握匙，协助右手用叉将面条卷好食之	不能一根根地挑着食用
	饼干		用右手捏着食用	
甜点	冰激凌	匙	用餐匙取食	
	布丁	匙	用餐匙取食	布丁一般为流质
	蛋糕、派、饼	刀叉	切成适当的块状，以叉食之	较软的蛋糕等可以叉直接分割食之
面包			用手一片片撕着食用	不能用嘴咬，碎屑不能掉到餐桌上
水果	苹果	刀叉	切成四块，削皮后以刀叉食用	可用手直接拿去皮的苹果食用
	西瓜柚子	匙	以餐匙取食	
	香蕉	刀叉	用刀从中间剖开，切成小段，以叉食之	应切一口吃一口
	葡萄		可用手一粒粒取食	皮、核要轻吐手中，再放入盘中
	草莓	匙或叉	用匙或叉取食	也可以用手直接取食，还可蘸些糖等
	菠萝	刀叉	先切成块状，再以叉取食	

续表

种类	食物名称	进食方式	其他
酒类	餐前酒	品种有：鸡尾酒、威士忌、伏特加、味美思、香槟酒等	用于开餐前，也叫开胃酒
	餐中酒	品种有：白葡萄酒和红葡萄酒。上鱼时配白葡萄酒，以去腥味；上肉时配红葡萄酒，以去腻	用于进餐中，可去腻、去腥味
	餐后酒	品种有：白兰地、利口酒等	用于餐后，有助于消化

思考题

（1）西餐的位次排列遵循了哪些规则？

（2）请练习西餐餐具的使用方法。

（3）请回答西餐餐具有哪些暗示作用？

第六节　出国访问的礼仪

出国访问一般指因公出访其他国家。在出国访问中，每一位公务人员既代表自己所在单位，也代表自己的国家。所以，参与出国访问的人员，必须掌握相关的礼仪规范。

出国访问的礼仪主要包括出访组团、护照签证办理、出境与入境、入住的礼仪四个方面：

一、出访组团的礼仪

1. 邀请的礼仪

公务出国访问多数是应邀访问。发出邀请与接受邀请是国际间交往的重要步骤，这是双方相互尊重、郑重承诺的表现。

书面邀请函是办理出境手续的必备文件。发出邀请和接受邀请的方式有多种，正确地发出邀请和接受邀请要从以下五个方面做起：

（1）身份对等。为了体现相互尊重、平等相待的交往原则，出访人员要与对方的职务、身份、地位大致对等，不要过高，也不要过低，这也是讲究礼遇的具体体现。

（2）专业、性质相关。为了达到出访的目的，为了使双方的交流具有质量，要选择与对方的专业及性质相同或接近的团体。

（3）时机要适宜。要综合考虑合作互信的气氛和出访前各种准备等因素，把握好出访的时机。

（4）形式要庄重。正式邀请多数是以信函、传真、电报等书面形式。邀请信、回复函一般有邀请者的身份、受邀者的身份、访问的性质、访问的时间等，还要有签署者的印章或亲笔签名。重要的正式访问要经过双方签订协议确认。高层次或有非常意义的访问还要通过新闻媒体公布。

（5）遵守出访规定。严格执行"少、小、精"的原则，按照规定程序报批。严格按照批准的人数、路线、时间出访。

2. 出访前的礼仪

接受邀请后，要落实访问的日程及相关的礼宾、礼仪等各项安排。出访中的迎送、会见、会谈、宴请、参观游览、食宿、乘车等，重要代表团的安全警卫、出入境等安排及礼遇，都要本着相互尊重的原则进行合理安排。

一般情况下，东道国会根据受邀方的意向提出建议，再经双方磋商进行确认。尤其是出访人数和费用，一般是经过双方商议确定的，是必须严格遵守的。

各项活动和安排的磋商要尽早进行，并提前落实。出访活动和安排一旦确定，就不要轻易变动，这也是出访的重要礼仪要求。

团体出访，要选择恰当、规范的团组名称，明确团内组织分工，在不同的场合，每个人要明确自己的位置及礼仪要求，要有良好的团队意识，自觉维护团队的形象。

二、护照与签证的办理

依照国际惯例，各国公民在出国时，要持有本国政府颁发的护照，还要获得访问国颁发的签证。

1. 护照的办理

护照是主权国家颁发给本国公民出入境，以及在国外停留期间的身份证。

（1）护照的种类。我国颁发的护照有四种类型：

①外交护照。外交护照是某一国家的政府依法颁发给本国国家元首、政府首脑、高级官员、外交代表、领事官员等从事外交活动使用的护照。各国外交护照封皮的颜色不同，但都印有"外交护照"字样。我国现行的外交护照封皮为红色，一般称为"红皮护照"。

②公务护照。在国外，公务护照也被称作"官员护照"。公务护照是某一国家的政府依法颁发给一般官员、外交代表机关和领事代表机关的行政技术人员等，用以从事公务活动的护照。护照都注有"公务护照"字样，我国现行的公务护照封皮为墨绿色，也称为"绿皮护照"。

③因公普通护照。因公普通护照是某一国家的政府依法颁发给从事除官方活动（外交活动、政务活动等）以外的一切公务活动的人员使用的护照。

目前，只有中国、朝鲜、蒙古等国颁发此类护照。护照上有"因公普通护照"字样，我国现行的因公普通护照封皮为深棕色，也称为"棕皮护照"。

④因私普通护照。因私普通护照是某一国家的政府依法颁发给因私人事务出国的本国公民使用的护照。封皮上多有"护照"字样。我国现行的因私普通护照封皮为深紫红色，也称为"紫皮护照"。

除护照外，还有护照的代用证件。护照代用证件是某一国家政府依法颁发的，供持有者进行国际旅行时，用以代替护照的旅行证、通行证、身份证的统称。我国的代用证件有中华人民共和国旅行证，中华人民共和国海员证，我国边境地区出入通行证、边境居民通行证、边境公务通行证，中华人民共和国外国人旅行证，中华人民共和国外国人通行证。

（2）护照的内容。任何一类护照，其内容往往是大同小异的，它们大体上包括六个方面：

①护照的项目。比如：我国的护照项目有持证人姓名、性别、照片、出生日期等相关项目。

②护照有效期和延期。各国护照的有效期长短不一，一般最短为1年，最长为10年。护照的有效期自颁发之日算起。

③护照的有效地区。护照的有效地区指的是许可持照人前往的地区范围。目前，我国各类护照的有效地区均为世界各国。

④护照所使用的文字。护照所使用的文字一般以本国官方文字为主，

并附有国际通用文字的译文。

　　⑤护照的加注、加页与合订。我国护照上常见的加注有：加注持照人曾用名或外文名、加注本人姓名的另一种拼写方法或变更本人姓名的拼写方法、加注持照人的职业以及对外身份的变更等。加页指的是发照机关在使用完签证页的护照上，附加上空白的签证页的手续。合订指的是在换发新的护照时，旧护照上有外国有效签证或其他重要记载，需要与新护照一同使用，此时，可以申请发照机关将新护照与旧护照合订在一起使用。

　　⑥护照的签署。按照惯例，护照应由发照机关被授权的主管官员签署方有效。

　　（3）护照的申请。我国规定，中国公民因公出国，要由派遣部门提出申请，填写"申请出国护照事项表"和"申请护照卡片"，并提供必要的证明材料。申请护照务必提前办理，要给发证机关留出足够时间。

　　（4）护照的颁发。我国政府规定，中华人民共和国外交部和外交部授权的各省、自治区、直辖市人民政府外事办公室颁发外交护照、公务护照和因公普通护照。外交部授权的各经济特区、沿海开放城市人民政府外事办公室颁发公务护照和因公普通护照。公安部和公安部授权的地方公安机关颁发因私护照。中国驻外大使馆颁发各类因公护照、因私护照。中国驻外领事馆颁发因公普通护照和因私普通护照。

2. 签证的办理

　　某国公民在其他国家入境、出境时，必须得到该国政府主管机关的允许。签证就是某国政府主管机关依照法律为申请入境、出境的外国人颁发的书面许可证明。

　　目前，我国的签证主要有入境签证和过境签证。

　　在公务人员出国访问时，都必须要获得目的国的签证。我们来了解有关签证的几个问题：

　　（1）签证的种类。根据持照人所持护照与访问内容的不同，各国将签证区分为外交签证、公务签证与普通签证三种。在我国，现行的签证有四种：

　　①外交签证。外交签证是某国主管机关依法为进入或经过本国国境，应给予外交特权与豁免权的人员颁发的签证。一般情况下，外交签证发给外交护照持有者。在我国，外国驻华代表机关和领事机关的外交代表与领事官员、联合国组织驻华机构持红皮通行证的人员及其配偶和未成年子女等会颁发给外交签证。

②公务签证。它一般发给公务护照持有者。我国规定，公务签证主要颁发给外国驻华代表机关和领事机关的工作人员、联合国组织驻华代表机构持有联合国蓝皮通行证的工作人员等。

③普通签证。普通签证的颁发对象，一般是持普通护照或其他有效的国际旅行证件的人员。

④礼遇签证。礼遇签证的获得者一般为身份较高但又未持有外交护照的人员，或已经卸任的国外党政高级官员、知名人士。

（2）签证的项目。签证的项目有签证种类、签证号码、出入过境的次数、有效期、停留期等诸多内容。在这些项目中，下列三项是需要我们加以重视的：

①签证的有效期。签证的有效期指的是在签证有效期内，准予出入境或过境的具体次数。目前，我国的签证有效次数分为一次、两次、多次与任职期间多次等。

②签证有限期限。它指的是由签证机关根据有关规定，与申请人的实际需要所确定的，在申请人签证上标明的，准予持证人进入发证国国境的期限。通常情况下，签证的有效期不得超过所签护照的有效期。

③签证停留期。签证停留期指的是签证持有者在签证有效期内，自入境日算起，被准予在该国停留的期限。我国规定，一次签证的停留期限最长不超过180天。

（3）签证的申请。申请签证时，要了解申请的程序、费用以及注意事项。

①申办签证的程序。我国对申办签证规定，外国人如前来中国或从中国过境，要向我国驻外使领馆或外交部授权的其他驻外机构申办签证。在申办中国签证时，申请人必须填写中华人民共和国外交部印制的"签证申请表"，并由本人签名。同时还要递交本人有效护照和近期二寸正面免冠护照用照片一张。还要交验与申请人入境过境事由相关的证明，并如实回答签证官的询问。

②申办签证的费用。我国规定，外国人申办签证，要按照我国签证机关根据对等原则或有关协议制定的收费标准付费。不同的国家，对收费的数额及付费的方式都有相应的规定。

③申办签证须注意的问题。申办签证时，要注意办理期限，要备好个人照片，要认真填写表格，要提交真实、全面、具体的有效资料，还要注意了解是否存在免办签证或签证互免的规定。

三、出境与入境

出入国境时，相关事项必须引起我们的注意，尤其是对于第一次出国访问的公务人员。

1. 接受出入境检查

为了维护国家的安全，各国均会对出入境的旅客进行严格的检查。检查的内容一般有下列四个方面：

（1）边防检查。这项检查在许多国家是由移民局或外侨警察局负责完成的，我国则由边防检查站负责。在接受检查时，要填写出入境登记卡片、交验护照、检查证件等。

（2）海关检查。海关检查一般是通过询问，了解旅客有无需要申报的物品，或由旅客填写携带物品出入境的申报单。海关有时还会请旅客打开旅行箱进行检查。

对于出入境携带的物品，各国的管理与规定都有所区别，在一般情况下，酒、烟等物品会限量，文物、武器、毒品等是禁止出入境的物品，这是在出访前必须了解的内容。

（3）安全检查。目前，绝大多数机场，在旅客上下飞机前后都要进行安全检查。进行安全检查的方法有使用磁性探测器、使用红外线透视、通过安全门以及开箱检查等。

（4）卫生检疫。旅客出入境时，卫生检疫部门需要检查其防疫接种证书（黄皮书），我国卫生检疫部门根据旅客来自国家或地区的不同来决定是否对其进行卫生检疫。对于我国旅客，则根据其前往国家或地区，在回国时，决定是否对其进行卫生检疫。

2. 出入境的相关细节

（1）出境时要注意的细节：

①严格遵守相关规定，不携带违禁品。

②不要将刀具等物品放于手提行李之内，因为此类物品不允许旅客带到机舱内。

③保管好自己的护照。

④随团出国时要有团队意识，要参加集体行动，以防失散。

⑤认真填写海关申报单等，以免出现漏填或填错。

（2）入境时要注意的细节：

①争取在飞机上填写海关申报单或入境登记卡。

②到达目的地后，到其边防检查处接受检查。

③妥善保管好自己的护照及黄皮书。抵达住宿地后，最好将全体人员的护照和黄皮书交给专人管理。

④接受边防检查后，一般应先取行李，再到海关办理有关手续。

⑤人数较多的团体，入境后要清点好人数。

四、入住的礼仪

入住酒店要讲究文明礼仪，我们要做到以下两个方面：

1. 尊重他人

（1）尊重服务人员。在酒店入住期间要尊重服务人员。在对方为自己提供服务时，要真诚地道谢。当对方要求提供各种证件时，要积极配合。当行李员到房间送、取行李时，要对其表示感谢。在走廊里遇到服务员问候时，要给出积极的应答。客房中设备出现问题时，要体谅对方，不要埋怨与指责对方。

（2）尊重室友。在与同事或其他人同住于一个房间时，要相互理解，相互适应。

（3）接待来访。尽量不在客房接待来访者，酒店大堂比较适宜接待来访者。不要让来访者在客房内留宿。接待来访者时不要大声喧哗，以免影响他人。

2. 必须关注的问题

（1）了解并遵守酒店的规章制度。

（2）通过阅读酒店的介绍，了解酒店提供的各项服务项目。

（3）注意安全。酒店的房间中均贴有应急通道的示意图，一定要认真阅读。

（4）客房中不要存放贵重物品和大量现金等。

（5）保持卫生。要放好个人物品，不要将客房搞得很乱。要注意浴室卫生，不要不拘小节。要防止客房内空气污浊，不要在房间内吸烟。

思考题

- -

（1）出访时，作为个人需要做哪些准备？

（2）在国外入住酒店时，需要注意哪些问题？

第七节　国旗、国徽、国歌的礼仪

国旗、国徽和国歌是国家的象征和标志，代表着国家的尊严。公务人员要掌握国旗、国徽和国歌的礼仪。对其他国家的国旗、国徽和国歌，要本着相互尊重、相互平等的原则给予应有的礼遇和尊重。

一、国旗的礼仪

在国际、国内的重要场合，要正确升挂和使用本国的国旗和国徽。根据国际法的有关规定和国际惯例，正确使用和对待其他国的国旗和国徽，是涉外礼仪的一项基本要求。在仪式的礼仪中，我们已就升旗仪式和大家分享了升挂国旗的地点、程序以及注意事项。下面，我们来分享国旗的排序。

1. 国内排序

《中华人民共和国宪法》《中华人民共和国国旗法》《中华人民共和国国徽法》都有专门规定："升挂国旗，应当将国旗置于显著的位置。"通常情况下，我国国旗与其他旗帜有下列两种排序：

（1）并列位置排序。在进行并列排序时，有下列三种方式：

①当一面国旗与另外一面旗帜并列时，要将中国国旗置于右侧（以国旗本身的面向为准，并将国旗正面朝向观众）（图8-9）。

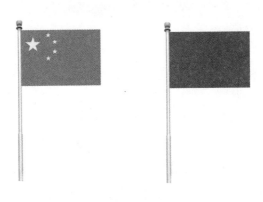

◎图8-9

②当一面国旗与其他多面旗帜并列时，要将国旗居于中央位置（图8-10）。

③当国旗与其他旗帜出现高低不同时，要将国旗置于比较高的位置（图8-11）。

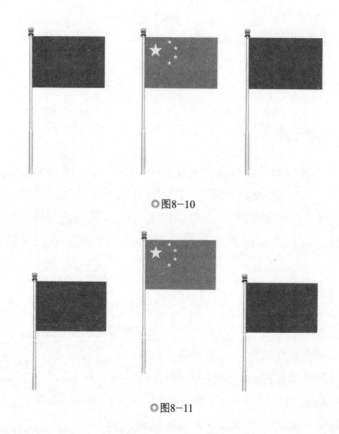

◎图8-10

◎图8-11

（2）前后位置排列。当我国国旗与其他旗帜呈前后位置排列时，通常将我国国旗置于前列。

2.涉外排序

当同时悬挂中国与外国国旗时，我们要按照国际惯例来完成排序。其排序方式有以下两种：

（1）双边排列。我国规定，在中国境内进行双边活动时，如果需要升挂中外国旗，在中方主办的活动中，要将外国国旗置于上首。在外方主办的活动中，则要将中国国旗置于上首。下面，以中方主办的活动为例，我们分享三种排列方式：

①并列升挂。中外两国国旗在墙壁上悬挂（图8-12），以及在地面上升

挂时（图8-13），要以国旗本身的面向为准，以右侧为上位。

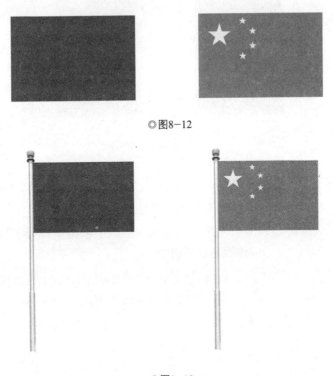

◎图8-12

◎图8-13

②交叉式悬挂。在正式场合，中外两国国旗可以交叉摆放于桌面上，比如在双边谈判时（图8-14），还可以悬空交叉升挂（图8-15）。此时，也要以国旗本身的面向为准，以右侧为上位。

◎图8-14　　　　　　　　　　　◎图8-15

③纵向悬挂。在进行纵向悬挂时，照样以国旗本身的面向为准，以右侧为上位（图8-16）。

◎图8-16

（2）多边排列。当中国国旗与其他两个或两个以上国家的国旗并列升挂时，按规定要使我国国旗置于下列荣誉位置。

在一列横排时，以国旗正面面向观众为准，中国国旗要处于最右方。

在一列纵排时，中国国旗要处于最前面。

在弧形或由中间向两旁直线排列时，要将中国国旗置于中心位置。

在圆形排列时，要将中国国旗置于主席台或出入口对面的中心位置。

另外，在汽车上悬挂国旗，要以汽车行进方向为准，驾驶员的右手一侧为上，挂客方国旗。

二、国徽的礼仪

《中华人民共和国国徽法》规定："中华人民共和国国徽是中华人民共和国的象征和标志。"所以，公务人员要尊重和爱护国徽，还要在对外交往中依照相互尊重的原则，对其他国家的国徽给予同样的尊重。

各国国徽的图案均进行过精心的设计。我国国徽的图案，中间是五星照耀下的天安门，周围是谷穗和齿轮。加拿大国徽的主体图案是枫叶，墨西哥国徽的主体图案是其国鸟雄鹰与国花仙人掌。

对于国徽的礼仪，我们需要了解以下三个方面：

1. 国徽的悬挂

按照国际惯例，在我国境内一般不得悬挂外国国徽，只能悬挂我国国徽。对于悬挂机构、悬挂场所、悬挂方法均有明确的规定。

（1）悬挂国徽的机构。

①县级以上各级人民代表大会常务委员会。

②县级以上各级人民政府。

③中央军事委员会。

④各级人民法院和专门人民法院。

⑤各级人民检察院和专门人民检察院。

⑥外交部。

⑦国家驻外使馆、领事馆和其他外交代表机构。

（2）悬挂国徽的场所。

①北京天安门城楼、人民大会堂。

②县级以上各级人民代表大会及常务委员会会议厅。

③各级人民法院和专门人民法院的审判庭。

④出境入境口岸的适宜场所。

（3）悬挂国徽的方法。机关悬挂国徽时，要将其悬挂在机关正门上方正中处。其他场所悬挂国徽时，要将其悬挂于室内外的正墙正中处。

2. 尊重爱护国徽

（1）尊重国徽。根据我国《中华人民共和国宪法》《中华人民共和国国旗法》《中华人民共和国国徽法》的规定，我国国徽及其图案不得用于以下四种情况：

①商标、广告。

②日常生活的陈列布置。

③私人庆祝、吊唁活动。

④国务院办公厅规定的不得使用国徽及图案的其他场合。

尊重国徽还要做到不要错用国徽。比如：将其他徽记或图案错认为国徽或其图案，使用国徽及图案时出现倾斜或不清洁等。

除此之外，尊重国徽还要做到对国徽不要做不恰当的解释。《中华人民共和国宪法》《中华人民共和国国旗法》《中华人民共和国国徽法》规定："我国国徽象征中国人民自五四运动以来的新民主主义革命斗争和工人阶级领导的以工农联盟为基础的人民民主专政的新中国的诞生。"

（2）爱护国徽。公务人员要自觉地爱护国徽。

①要珍惜国徽。在使用国徽及国徽图案时，要保持其完好、整洁。在悬挂国徽时，要小心谨慎。接触印有国徽图案的文书、出版物时，不要乱写乱画等。

②保护国徽。目前，侮辱国徽在我国已被视为违法行为。《中华人民共和国宪法》《中华人民共和国国旗法》《中华人民共和国国徽法》规定："在公共场所故意以焚烧、毁损、涂划、玷污、践踏等方式侮辱中华人民共和

国国徽的，依法追究刑事责任；情节较轻的，参照治安管理处罚条例的处罚规定，由公安机关处以15日以下拘留。"面对规定，公务人员首先要做到思想上重视，并努力遵守。

三、国歌的礼仪

国歌是被某一国家正式确定并对外公布的，用以代表本国的歌曲。国歌与国旗、国徽一样，都被视为一个国家所拥有的重要标志和象征。

1. 演奏或演唱国歌的场合

（1）演奏或演唱我国国歌的场合。通常情况下，在一个主权国家的管辖范围内，只允许演奏或演唱本国国歌。在我国，规定可以演奏或演唱国歌的场合有以下几种：

①举行正规的升挂我国国旗仪式时。

②举行隆重的庆典仪式时。

③举行国际性的大型政治活动时。

④举行重大的外交活动时。

⑤举行大型体育运动会或进行重要的体育比赛时。

⑥举行特殊的维护国家尊严与荣誉的活动时。

（2）演奏或演唱外国国歌的场合。在以下四种情况下，可以演奏或演唱外国国歌：

①举行正式的官方外交活动时。

②举行重要的国际会议时。

③举行形式严肃的国际性文艺演出时。

④举行国际性体育运动会或国际性体育比赛时。

作为公务人员，不论是因私或因公出国时，都要自觉地严格遵守所在国有关国歌的一切正式规定。

2. 演奏或演唱国歌的礼仪

在演奏或演唱国歌时，要严肃认真，郑重其事。

①要做到规范站姿、目视前方、神态庄严、聚精会神。

②除身着制服者外，一律摘下帽子和太阳镜。

③在升旗与奏国歌同步进行时，要目视徐徐上升的国旗，向其行注目礼。

④按照惯例，身着制服的公安干警要向国旗行举手礼。

公务人员在尊重本国国歌的同时，还要做到尊重其他国家的国歌。有意无意地对其他国国歌表现出的不恭敬，都会被理解为对对方的失礼。

思考题

（1）为什么国旗、国徽与国歌是一个国家的标志和象征？

（2）请画出在中方与外方的签字仪式活动中，以外方为主时的两国国旗排序。

参考文献

［1］吴良勤. 职业秘书写作教程[M]. 北京：清华大学出版社，2009.

［2］洪威雷. 公务调研学[M]. 北京：中国社会科学出版社，2007.

［3］中共中央直属机关工作委员会宣传部，中共中央国家机关工作委员会宣传部. 机关文明礼仪[M]. 北京：中国大百科全书出版社，2007.

［4］金正昆. 公务员礼仪[M]. 北京：中国人民大学出版社，2006.

［5］文泉. 国际商务礼仪[M]. 北京：中国商务出版社，2003.

［6］吕艳芝，冯楠. 现代实用礼仪[M]. 北京：中央广播电视大学出版社，2003.